Passwort Deutsch 1

Kursbuch

Ernst Klett Sprachen
Barcelona Belgrad Budapest Ljubljana
London Posen Prag Sofia Stuttgart Zagreb

Passwort Deutsch 1
Kursbuch

von Ulrike Albrecht, Dorothea Dane, Christian Fandrych (Systematische Grammatik), Gaby Grüßhaber, Uta Henningsen, Angela Kilimann, Renate Köhl-Kuhn

1. Auflage A1 5 4 | 2012   2011   2010

Alle Drucke dieser Auflage können nebeneinander benutzt werden, sie sind untereinander unverändert.
Die letzte Zahl bezeichnet das Jahr des Druckes.
Nach der neuen Rechtschreibung (Stand: August 2006)

© Ernst Klett Sprachen GmbH, 2008
Alle Rechte vorbehalten.

Das Werk und seine Teile sind urheberrechtlich geschützt. Jede Nutzung in anderen als den gesetzlich zugelassenen Fällen bedarf der vorherigen schriftlichen Einwilligung des Verlages. Hinweis zu § 52 a UrhG: Weder das Werk noch seine Teile dürfen ohne eine solche Einwilligung eingescannt und in ein Netzwerk eingestellt werden. Dies gilt auch für Intranets von Schulen und sonstigen Bildungseinrichtungen.

Internet: www.klett.de, www.password-deutsch.de
E-Mail: info@passwort-deutsch.de

Zeichnungen: Dorothee Wolters
Fotografie: Jürgen Leupold
Layout: Andreas Kunz, Andrea Schmid
Herstellung: Katja Schüch
Satz: Lihs GmbH, Medienhaus, Ludwigsburg; Satzkasten Stuttgart
Druck: LCL Dystrybucja Sp. z o. o. • Printed in Poland

ISBN: 978-3-12-675915-1

Was ist Passwort Deutsch?

Unabhängig davon, welche Erfahrungen Sie bisher gesammelt haben und ob Sie im In- oder Ausland Deutsch lehren oder lernen – **Passwort Deutsch** ist das richtige Lehrwerk für Sie:

Passwort Deutsch bietet Ihnen einen direkten Zugang zur deutschen Sprache, zu Land und Leuten, zu Kultur und Kommunikation. Gezeigt wird die moderne Lebenswirklichkeit von Personen und Figuren an verschiedenen Schauplätzen in den deutschsprachigen Ländern.

Passwort Deutsch ist transparent, pragmatisch und kleinschrittig. Sie wissen an jeder Stelle, was Sie warum machen, und haben alles, was Sie zur Bewältigung der Aufgaben brauchen. Die gleichmäßige Progression passt sich dem individuellen Lernrhythmus an.

Passwort Deutsch begleitet Sie in drei Bänden durch die gesamte Grundstufe. Band 3 bereitet auf das *Zertifikat Deutsch* und auf den Übergang in die Mittelstufe vor.

Passwort Deutsch integriert kommunikative, interkulturelle und handlungsorientierte Sprachvermittlungsmethoden. Ein ausgewogenes Fertigkeitentraining ist in diesem Zusammenhang genauso wichtig wie eine konsequente Wortschatz- und Grammatikarbeit.

Passwort Deutsch ist leicht zugänglich, effizient und motivierend. Mit dem Kurs- und dem Übungsbuch, einem umfassenden Internet-Angebot sowie weiteren attraktiven Lehrwerkkomponenten stehen Ihnen viele Materialien und Medien zur Verfügung.

Passwort Deutsch führt von Stufe A1 bis zum Niveau B1 des Gemeinsamen europäischen Referenzrahmens für Sprachen und entspricht damit den europaweiten Referenzniveaus zur Erfassung von Sprachkompetenz.

Viel Erfolg und viel Spaß in der Praxis wünschen Ihnen

Autoren und Verlag

Inhaltsverzeichnis

Kursbuch | Inhalte | Grammatik

Lektion 1
- **Guten Tag**
- Die Welt
- Mitten in Europa
- Ein Zug in Deutschland
- Auf Wiedersehen
- Im Deutschkurs
- Grammatik

Kennenlernen, Begrüßung und Vorstellung • Länder und Produkte • das Alphabet • *woher, wo, wohin?* • Zahlen bis 100 • sich verabschieden

Aussprache: Satzakzent; lange und kurze Vokale (*a, e, i, o, u*)

Präsens: Konjugation, Vokalwechsel *a → ä, sein* • Personalpronomen • Imperativ mit *Sie* • Verbposition: Aussagesatz, Fragesatz, Imperativ-Satz

10

Lektion 2
- **Bilder aus Deutschland**
- Eine Stadt, ein Dorf
- Die Stadt Frankfurt
- In Köln
- Im Deutschkurs
- Grammatik

über Orte sprechen • Menschen und Dinge beschreiben • Zahlen ab 100 • *wie hoch, wie alt, wie viele?*

Aussprache: Wortakzent

Nomen: unbestimmter, bestimmter Artikel; Singular/Plural • Negation: *nicht, kein* • *sein* + Adjektiv • Präsens: *wissen*

22

Lektion 3
- **Meine Familie und ich**
- Die Hobbys von Frau Mainka
- Das Formular
- Montag, 9 Uhr, Studio 21
- Ein Brief aus Tübingen
- Im Deutschkurs
- Grammatik

Angaben zur Person • Interviews machen • Aktivitäten und Hobbys • ein Formular • Uhrzeit (offiziell) • Wochentage • ein Brief • Verwandtschaftsbezeichnungen

Aussprache: lange und kurze Vokale (*ä, ö, ü*)

Possessivartikel • Präsens: *haben*, trennbare Verben • Modalverben: *möcht-* • Satzklammer: zweiteilige Verben, trennbare Verben, Modalverben

34

Lektion 4
- **Der Münsterplatz in Freiburg**
- Foto-Objekte
- Eine Freiburgerin
- Das Münster-Café
- Am Samstag arbeiten?
- Im Deutschkurs
- Grammatik

Aktivitäten in der Stadt • *haben* und *brauchen* • Lebensmittel • bestellen • bezahlen • Preise • Einkäufe

Aussprache: Satzakzent

Akkusativ: unbestimmter, bestimmter Artikel, *keinen* • Präsens: Vokalwechsel *e → i* • Modalverben: *können, müssen* • Satzklammer: Modalverben • Pronomen: *man*

46

Inhalt
4

Inhaltsverzeichnis

Kursbuch | Inhalte | Grammatik

Lektion 5	▶ **Leute in Hamburg** ▶ Ein Stadtspaziergang ▶ Der Tag von Familie Raptis ▶ Früher und heute ▶ Eine Spezialität aus Hamburg ▶ Jetzt kennen Sie Leute in Hamburg! ▶ Grammatik	Berufe • Aktivitäten in der Stadt • Tagesabläufe • über Vergangenes sprechen • kochen und essen **Aussprache:** ei – ie	Präpositionen: *auf, in* + Akkusativ • Akkusativ: Possessivartikel, Personalpronomen • Präteritum: *haben, sein, es gibt* • *für, ohne* + Akkusativ	58
Lektion 6	▶ **Ortstermin: Leipzig** ▶ Das Klassentreffen ▶ Treffpunkt Augustusplatz ▶ Stadtspaziergang durch Leipzig ▶ Jahrgang „19 hundert 72" ▶ Kommen und gehen ▶ Grammatik	ein Treffen planen • über vergangene Aktivitäten sprechen • eine Postkarte • Informationen über eine Stadt verstehen • Jahreszahlen • Lebensläufe • Uhrzeit (inoffiziell) **Aussprache:** unbetontes e	Perfekt: mit *haben* und *sein* • Satzklammer: Perfekt	70
Lektion 7	▶ **Ein Hotel in Salzburg** ▶ Arbeit und Freizeit ▶ Unterwegs nach Salzburg ▶ An der Rezeption ▶ Im Speisesaal ▶ Wolfgang Amadeus Mozart ▶ Grammatik	im Hotel • Tagesabläufe im Hotel • Wetter- und Reiseberichte • Zimmerreservierung • Personenbeschreibungen • ein Lexikonartikel • ein Kanon **Aussprache:** trennbare und untrennbare Verben	Perfekt: trennbare Verben, untrennbare Verben, Verben auf *-ieren* • Satzklammer: Perfekt • Dativ: bestimmter, unbestimmter Artikel, Possessivartikel • *mit* + Dativ	82
Lektion 8	▶ **Projekt: Nürnberg – unsere Stadt** ▶ Straßen und Plätze in Nürnberg ▶ Im Atelier für Mode und Design ▶ Im Lebkuchenhaus ▶ Projekte präsentieren ▶ Grammatik	Unterrichtsprojekte planen und durchführen • Orientierung in der Stadt • Kleidung einkaufen • Farben, Größen • Gedichte schreiben **Aussprache:** m – n	*an, auf, in* + Akkusativ oder Dativ • *welch-* • Modalverben: *wollen, dürfen* • Satzklammer: Modalverben	94

Inhalt
5

Inhaltsverzeichnis

Kursbuch | Inhalte | Grammatik

		Inhalte	Grammatik	
Lektion 9	➤ **Eine Stadt im Dreiländereck: Basel** ➤ Stadt und Land ➤ Pendeln – aber wie? ➤ Arbeiten in Basel ➤ Basel international ➤ Aus der Basler Zeitung ➤ Grammatik	argumentieren und vergleichen • Stadt- und Landleben • Verkehrsmittel • in der Arbeitswelt • Nationalitäten und Sprachen • Zeitungsnachrichten **Aussprache:** *sch, st* und *sp*	Komparativ und Superlativ • *aus, bei, von, zu* + Dativ • Personalpronomen: Dativ	106
Lektion 10	➤ **Glückaufstraße 14, Bochum** ➤ Die Zeche Helene ➤ Zwei Biografien ➤ Lebensmittel Alak ➤ Meinungen über das Ruhrgebiet ➤ Wohnungssuche im Ruhrgebiet ➤ Grammatik	über Häuser und Wohnungen sprechen • über Vergangenes sprechen • Mengenangaben • Lebensmitteleinkäufe • ein Fest organisieren • Meinungen äußern • Wohnungsanzeigen **Aussprache:** Intonation	Präteritum: Modalverben *können, müssen, wollen, dürfen* • Satzklammer: Modalverben • Nebensätze: *dass, weil*	118

Anhang 130

Systematische Grammatik **131**
Liste der Verben **157**
Alphabetische Wortliste **160**
Verzeichnis der Hörtexte **174**
Verzeichnis der Hörtexte **175**

Inhalt
6

Was bietet Passwort Deutsch?

Kursbuch: Zehn gleichmäßig aufgebaute Lektionen à 12 Seiten • Alles für die gemeinsame Arbeit im Kurs • Vermittlung von Wortschatz und Grammatik • Aufbau der sprachlichen Fertigkeiten • Rubrik *Im Deutschkurs* für die Kurskommunikation • Grammatikübersicht am Ende jeder Lektion

Anhang: Übersichten zum Nachschlagen • Unterstützung bei der Vor- und Nachbereitung des Unterrichts • Systematische Grammatik • Verbliste • Alphabetische Wortliste

Übungsbuch: Zu jeder Kursbuchlektion eine Übungsbuchlektion à 16 Seiten • Vielfältiges Angebot zur Festigung und Erweiterung des im Kurs Erlernten • Binnendifferenzierung im Unterricht • Hausaufgaben • Selbstständiges Wiederholen • Lösungen zu den Übungen

Hörmaterialien: CDs mit den Hörtexten des Kursbuches • Mit Sprechern aus Deutschland, Österreich und der Schweiz • Authentische regionale Varietäten • Integrierte Aussprache-Übungen

Wörterheft: Der komplette Wortschatz der Kursbuchlektionen • Mit Kontexten und Illustrationen • Markierung des Wortakzentes • Zertifikatswortschatz besonders hervorgehoben • Platz zum Eintragen der muttersprachlichen Entsprechungen

Lehrerhandbuch: Hinweise und Vorschläge zur Unterrichtsgestaltung • Tipps und Spiele • Kopiervorlagen und Tests • Transkriptionen der Hörtexte • Lösungen der Kursbuchaufgaben

Alltag in Deutschland: Sammlung von Alltagsrealien • Neun lebensnahe Themenbereiche • Nützliche Sprachmuster • Einfache und handlungsorientierte Aufgaben • Weiterführende Internetadressen • Besonders geeignet für Lerner mit geringen Sprachkenntnissen • Auch lehrwerksunabhängig einsetzbar (ISBN 978-3-12-675795-9)

Der Vorkurs: Kurstragendes Lehr- und Übungsbuch für ca. 80 Unterrichtseinheiten • Kompetenzaufbau für Lernende mit geringer Sprachlernerfahrung • Rechtschreibung, Aussprache, erste grammatische Strukturen, Wortschatzarbeit, Lernstrategien (ISBN 978-3-12-675790-4)

www.passwort-deutsch.de: Innovatives Online Angebot zu Passwort Deutsch • Online-Aktivitäten, Zusatzaufgaben, landeskundliche Informationen • Spiele und Projektideen • Tipps zum Deutschlernen mit dem Internet • Erfahrungsaustausch für Lehrende • Lernerautonomie durch interkulturellen Kontakt und Austausch • Aktuelle Hinweise

Arbeiten mit Passwort Deutsch

Kursbuch

Alles, was Sie für das Kursgeschehen brauchen.
Vorschläge für den Ablauf und dafür, welche Sozial- und Arbeitsformen sich für die einzelnen Aufgaben eignen, finden Sie im Lehrerhandbuch.

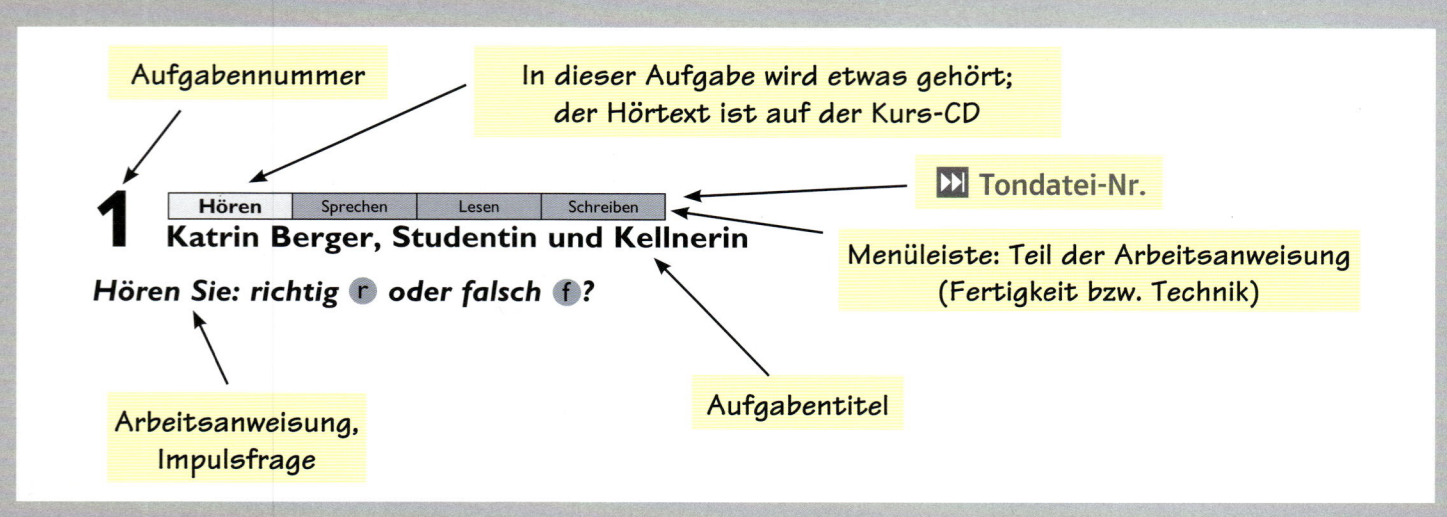

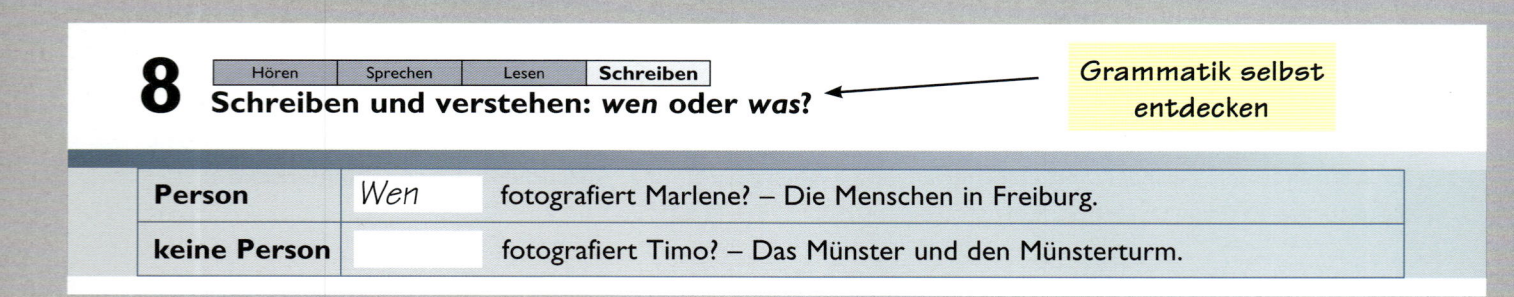

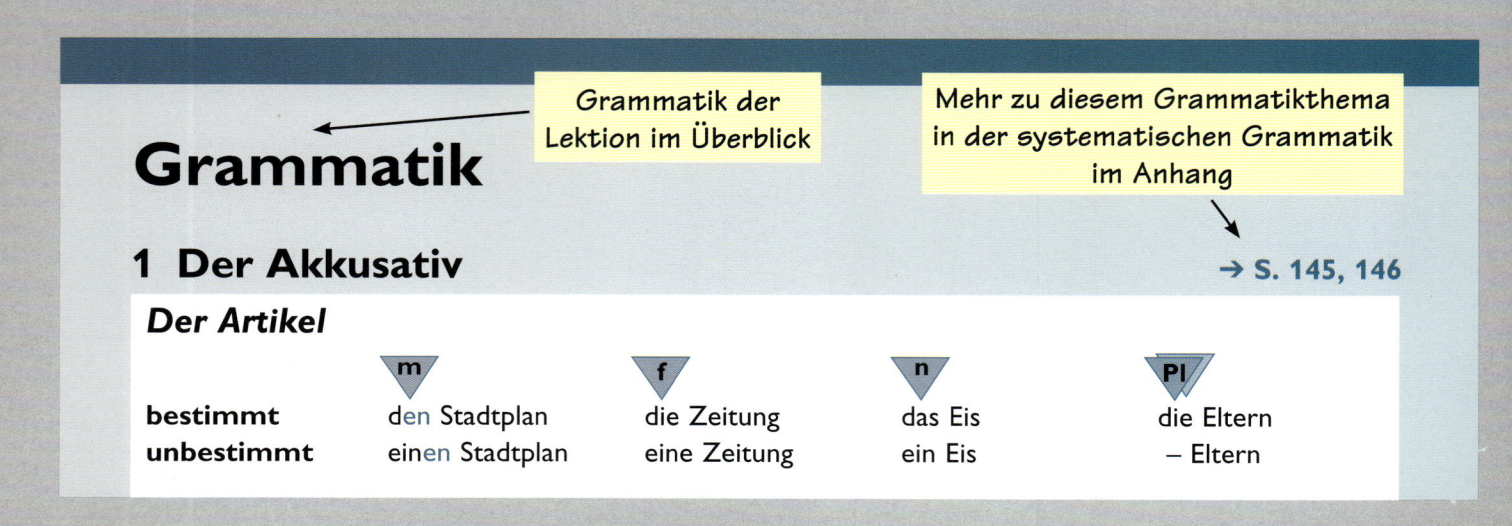

Aufgabennummer

In dieser Aufgabe wird etwas gehört; der Hörtext ist auf der Kurs-CD

⏩ Tondatei-Nr.

1 | Hören | Sprechen | Lesen | Schreiben |

Katrin Berger, Studentin und Kellnerin

Hören Sie: richtig **r** oder falsch **f**?

Menüleiste: Teil der Arbeitsanweisung (Fertigkeit bzw. Technik)

Aufgabentitel

Arbeitsanweisung, Impulsfrage

8 | Hören | Sprechen | Lesen | **Schreiben** |

Schreiben und verstehen: wen oder was?

Grammatik selbst entdecken

| Person | Wen | fotografiert Marlene? – Die Menschen in Freiburg. |
| keine Person | | fotografiert Timo? – Das Münster und den Münsterturm. |

Grammatik der Lektion im Überblick

Mehr zu diesem Grammatikthema in der systematischen Grammatik im Anhang

Grammatik

1 Der Akkusativ → S. 145, 146

Der Artikel

	m	f	n	Pl
bestimmt	den Stadtplan	die Zeitung	das Eis	die Eltern
unbestimmt	einen Stadtplan	eine Zeitung	ein Eis	– Eltern

Passwort
8

6 | Hören | Sprechen | Lesen | Schreiben | ▶▶ 38

Hören und sprechen: der Satzakzent

a) *Hören Sie den Dialog.*

> In den Lektionsablauf integrierte Ausspracheübungen; der Hörtext ist auf der Kurs-CD

Im Deutschkurs

> Alles, was Sie für die Kommunikation im Kurs brauchen.
> Die hier präsentierten Inhalte werden in den folgenden Lektionen vorausgesetzt.

1 | Hören | Sprechen | **Lesen** | Schreiben

Pablo lernt Deutsch

Pablo hat viele Fragen. Können Sie antworten?

1. „Computer": Wie heißt das auf Deutsch?
2. Wie spricht man das aus: 18,95 €?

Übungsbuch

Alles, was Sie zur Wiederholung, Erweiterung und Differenzierung des im Kurs Erlernten verwenden können. Alle Übungen sind auch für Hausaufgaben oder zum selbstständigen Lernen geeignet; der Lösungsschlüssel im Anhang erlaubt auch die Selbstkontrolle.

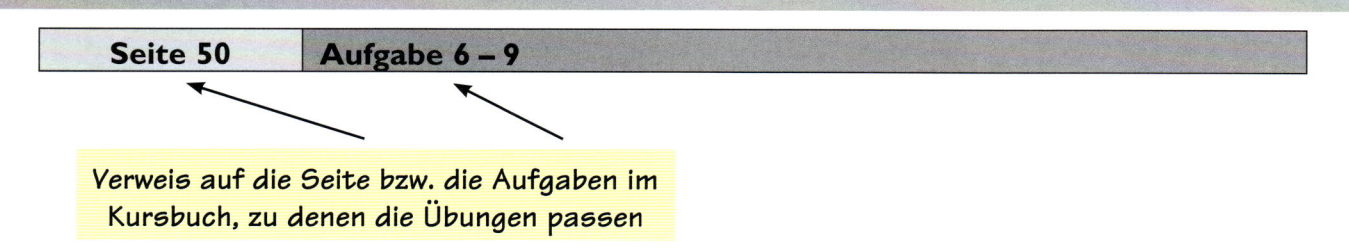

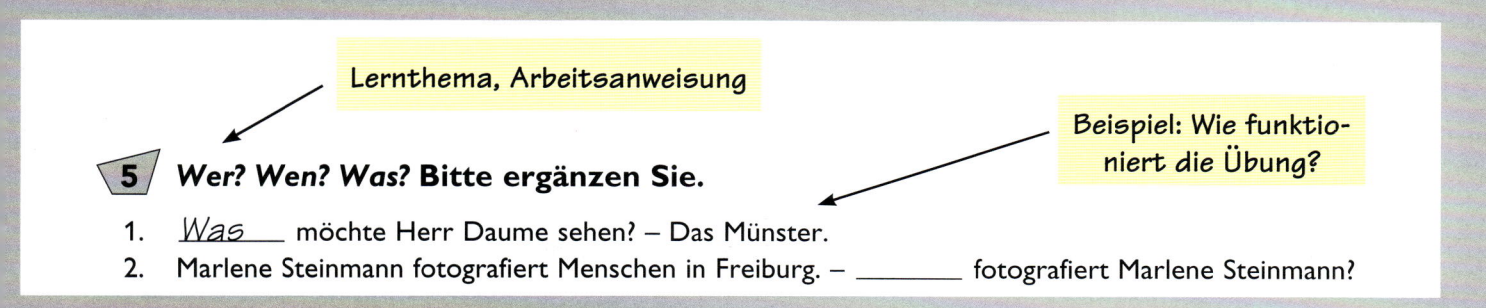

| Seite 50 | Aufgabe 6 – 9 |

> Verweis auf die Seite bzw. die Aufgaben im Kursbuch, zu denen die Übungen passen

> Lernthema, Arbeitsanweisung

> Beispiel: Wie funktioniert die Übung?

5 *Wer? Wen? Was? Bitte ergänzen Sie.*

1. <u>Was</u> möchte Herr Daume sehen? – Das Münster.
2. Marlene Steinmann fotografiert Menschen in Freiburg. – _____ fotografiert Marlene Steinmann?

Passwort

9

Lektion 1 Guten Tag

1 Hören | Sprechen | Lesen | Schreiben ▶▶ 1–7
Viele Sprachen. Wo hören Sie Deutsch?

Markieren Sie bitte (☒).

a) ☐   b) ☐   c) ☐   d) ☐   e) ☐   f) ☐

zehn
10

2 Guten Tag!

| Hören | **Sprechen** | Lesen | Schreiben |

Bitte sprechen Sie.

- Hallo!
- Guten Morgen!
- Guten Tag!
- Guten Abend!
- Auf Wiedersehen!
- Tschüs!

3 Wie heißen Sie? Wie heißt du?

| **Hören** | Sprechen | Lesen | Schreiben | ⏩ 8

a) *Hören Sie.*

b) *Sprechen Sie im Kurs.*

Sie		du	
Frage	Antwort	Frage	Antwort
Wie heißen Sie bitte?	Ich heiße …	Wie heißt du?	Ich heiße …
Sind Sie Herr / Frau …?	Ja. Nein, mein Name ist …	Bist du Maria?	Ja. Nein, ich heiße …
Woher kommen Sie?	Ich komme aus …	Woher kommst du?	Aus …
Wo wohnen Sie?	Ich wohne in …	Wo wohnst du?	In …

4 Verstehen Sie Deutsch?

| **Hören** | Sprechen | Lesen | Schreiben | ⏩ 9

Hören Sie die Dialoge und nummerieren Sie.

a) ☐1☐ Guten Tag!
   ☐ Ich komme aus Deutschland.
   ☐2☐ Guten Tag!
   ☐ Woher kommen Sie?

b) ☐ Philipp.
   ☐ Bist du Maria?
   ☐ Nein, ich heiße Nina. Und du?

c) ☐ In Frankfurt.
   ☐ Und wo wohnen Sie?
   ☐ Wie heißen Sie?
   ☐ Mein Name ist Hansen.

d) ☐ Hallo!
   ☐ Aus Deutschland.
   ☐ Hallo! Woher kommst du?

elf 11

Die Welt

1 Eine Weltkarte
*Hören | Sprechen | **Lesen** | Schreiben*

Lesen Sie bitte.

Eine Weltkarte. Hier ist Europa.
Wo ist die Schweiz? Wo ist Österreich? Wo ist Deutschland?
Deutschland, Österreich und die Schweiz liegen in Europa.
Hier sprechen viele Menschen Deutsch.
Wohnen Sie auch in Europa? Oder in Asien?
Und woher kommen Sie? Aus Afrika? Aus Amerika oder aus Australien?

2 Die fünf Kontinente
*Hören | Sprechen | **Lesen** | Schreiben*

Suchen Sie im Text.

Europa _____ _____ _____ _____

3 Länder-Alphabet
*Hören | Sprechen | **Lesen** | Schreiben* ▶▶ 10–11

a) Kennen Sie die Länder? Bitte sprechen Sie.

A Argentinien	**H** Honduras	**O** Oman	**V** Vietnam
B Belgien	**I** Indien	**P** Polen	**W**
C China	**J** Japan	**Q**	**X**
D Dänemark	**K** Kenia	**R** Russland	**Y**
E Ecuador	**L** Luxemburg	**S** Spanien	**Z** Zypern
F Frankreich	**M** Marokko	**T** Tunesien	
G Großbritannien	**N** Norwegen	**U** Ungarn	Kennen Sie noch mehr Länder?

b) Hören Sie das Alphabet und sprechen Sie.

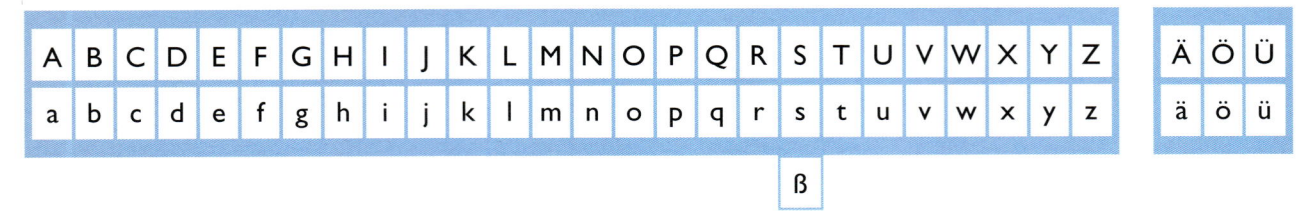

A	B	C	D	E	F	G	H	I	J	K	L	M	N	O	P	Q	R	S	T	U	V	W	X	Y	Z	Ä	Ö	Ü
a	b	c	d	e	f	g	h	i	j	k	l	m	n	o	p	q	r	s	t	u	v	w	x	y	z	ä	ö	ü

ß

4 Lernen Sie das Alphabet
*Hören | **Sprechen** | Lesen | Schreiben*

Machen Sie weiter.

▶ a, b, c …
◁ … d, e, f …

5 Länder und Kontinente
*Hören | **Sprechen** | Lesen | Schreiben*

Wo liegt …?

▶ Wo liegt **A**rgentinien?   ◁ In Amerika.
▶ Wo liegt **B**elgien?   ◁ In Europa.
▶ Wo liegt **C**hina?   ◁ In …

zwölf

6 Woher kommen die Produkte?

Hören | Sprechen | Lesen | **Schreiben**

In Deutschland finden Sie ...

Tee	Kaffee	Autos	Fotoapparate
aus China, aus ...	*aus* _____	_____	_____

Wein	Tomaten	Computer	Schokolade
_____	_____	_____	*aus der Schweiz*

Bier	Bananen	Zucker	Zitronen
_____	_____	_____	_____

7 Hören und sprechen: Zucker aus Kuba

Hören | Sprechen | Lesen | Schreiben ⏩ 12

a) Hören Sie. Sprechen Sie.

1. ▶ Zucker. ◁ Zucker? Woher? ▶ Aus Kuba. Zucker aus Kuba.
2. ▶ Bananen. ◁ Bananen? Woher? ▶ Aus Ecuador. Bananen aus Ecuador.
3. ▶ Autos. ◁ Autos? Woher? ▶ Aus Japan. Autos aus Japan.

b) Sprechen Sie.

1. Autos – Deutschland
2. Tee – China
3. Tomaten – Spanien
4. Kaffee – ?
5. Wein – ?
6. Zitronen – ?

dreizehn 13

Mitten in Europa

1 Wohin fährt der Eurocity?

*Hören | Sprechen | **Lesen** | Schreiben*

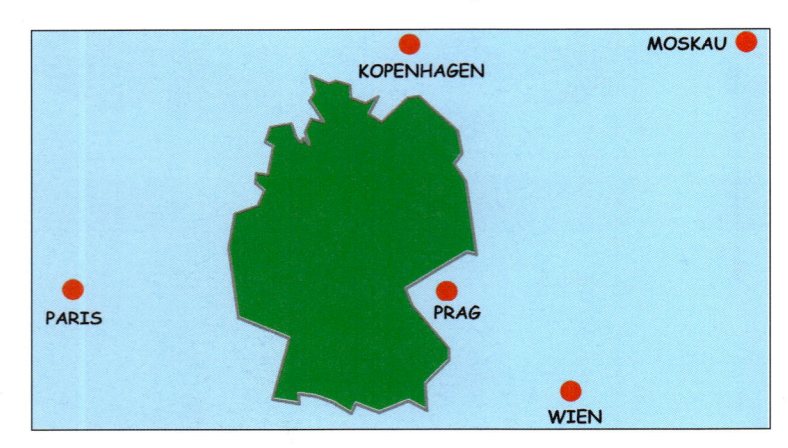

Ein Zug. Ein Eurocity, ein EC.
Wo ist der Zug? In Deutschland.
Woher kommt er?
Aus Kopenhagen?
Oder vielleicht aus Moskau?
Wohin fährt der Zug?
Vielleicht nach Wien? Oder nach Paris?

Deutschland liegt mitten in Europa.
Jeden Tag fahren viele Menschen nach
Norden, nach Süden, nach Osten oder
nach Westen.

2 Woher kommt der Zug? Wohin fährt er?

*Hören | Sprechen | Lesen | **Schreiben***

a) Suchen Sie im Text.

? →	?	→ ?
Woher kommt der Zug?	**Wo** ist der Zug?	**Wohin** fährt der Zug?
_____ Kopenhagen.	_____ Deutschland.	_____ Wien.

b) Bitte kombinieren Sie.

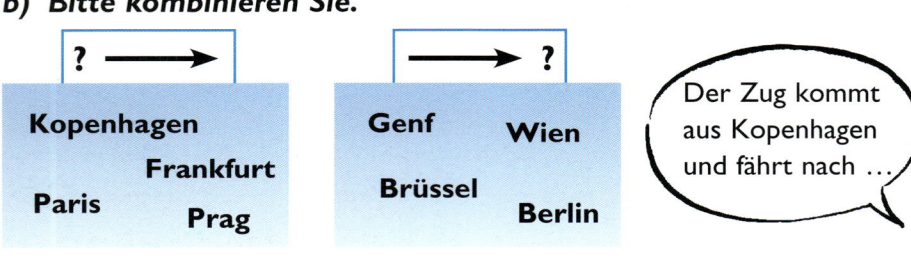

? →
Kopenhagen
Frankfurt
Paris
Prag

→ ?
Genf   Wien
Brüssel
Berlin

Der Zug kommt aus Kopenhagen und fährt nach …

3 Hören und sprechen: Fahren Sie nach Wien?

***Hören** | **Sprechen** | Lesen | Schreiben* ▶▶ 13–14

a) Hören Sie Beispiele.

▶ Woher kommt der Zug?   ◁ Er kommt aus Moskau.
▶ Fährt er nach Brüssel?   ◁ Nein, nach Paris.

b) Bitte hören Sie: Punkt (.) oder Fragezeichen (?). Sprechen Sie.

1. Fahren Sie nach Wien ?
2. Ich komme aus Luxemburg ☐
3. Ich wohne in Berlin ☐
4. Der EC fährt nach Kopenhagen ☐
5. Sind Sie Herr Hansen ☐
6. Woher kommst du ☐

vierzehn
14

Ein Zug in Deutschland

1 Situationen
*Hören · Sprechen · **Lesen** · Schreiben*

a

Das ist Martin Miller aus Australien. Er arbeitet in Deutschland und reist sehr viel. Heute fährt er nach Köln, morgen vielleicht nach Leipzig, nach Frankfurt oder nach Hannover. Er ist Journalist.

Frau Mohr wohnt in Berlin. Sie reist auch sehr viel. Heute fährt sie nach Brüssel.

b) Richtig r oder falsch f ?

1. Martin Miller kommt aus Australien. _____ r f
2. Frau Mohr fährt nach Berlin. _____ r f

Frau Schmidt kommt aus Dortmund. Sie schläft. Lisa und Tobias schlafen nicht, sie spielen Karten. Frau Schmidt, Lisa und Tobias fahren nach Italien. Sie machen Urlaub.

a) Richtig r oder falsch f ?

1. Frau Schmidt kommt aus Italien. _____ r f̸
2. Lisa und Tobias fahren nach Dortmund. _____ r f

b

Das sind Anna und Thomas. Sie wohnen in Bremen. Anna kommt aus Polen und lernt in Bremen Deutsch. Sie versteht schon ein bisschen Deutsch. Thomas und Anna fahren nach Süddeutschland.
Und das ist Marlene Steinmann. Sie ist Fotografin. Sie fährt nach Köln.

c) Richtig r oder falsch f ?

1. Anna wohnt in Bremen. _____ r f
2. Thomas und Anna fahren nach Polen. _____ r f

c

2 Schreiben und verstehen: Pronomen
*Hören · Sprechen · Lesen · **Schreiben***

Frau Schmidt kommt aus Dortmund.	*Sie*	schläft.
Martin Miller ist aus Australien.		arbeitet in Deutschland.
Frau Mohr wohnt in Berlin.		reist sehr viel.
Anna und Thomas wohnen in Bremen.		fahren nach Süddeutschland.

fünfzehn
15

3 Wer?

*Hören | **Sprechen** | Lesen | Schreiben*

Fragen und antworten Sie.

▶ Wer wohnt in Berlin?   ◁ Frau Mohr wohnt in Berlin.
▶ Wer fährt nach Italien?   ◁ Frau Schmidt, Lisa und Tobias fahren nach Italien.

Wer reist viel?	Wer arbeitet in Deutschland?	Wer kommt aus Australien?
Wer schläft?	Wer schläft nicht?	Wer fährt nach Köln?
Wer macht Urlaub?	Wer kommt aus Dortmund?	...

4 Schreiben und verstehen

*Hören | Sprechen | Lesen | **Schreiben***

	kommen, wohnen	fahren, schlafen
er • sie (Singular)	Frau Schmidt komm *t* aus Dortmund.	Herr Miller f ä hr ___ nach Leipzig. Frau Schmidt schl ä f ___ .
sie (Plural)	Lisa und Tobias wohn ___ in Dortmund.	Anna und Thomas fahr ___ nach Süddeutschland. Lisa und Tobias schlaf ___ nicht.

5 Wer macht was?

*Hören | Sprechen | Lesen | **Schreiben***

| schlafen | lernen | fahren | ~~arbeiten~~ | verstehen | spielen |
| reisen | spielen | machen | schlafen | fahren | ~~kommen~~ |

1. Martin Miller _kommt_ nicht aus Deutschland, aber er _arbeitet_ in Deutschland.
2. Frau Schmidt _____ nicht Karten, sie _____ .
3. Lisa und Tobias _____ Karten, sie _____ nicht.
4. Frau Mohr _____ viel, aber sie _____ nicht nach Köln.
5. Anna _____ Deutsch, und sie _____ schon ein bisschen.
6. Lisa und Tobias _____ nicht nach Dortmund, sie _____ in Italien Urlaub.

6 Hören und sprechen: kurz oder lang?

*Hören | Sprechen | **Lesen** | Schreiben* 15–16

a) Hören Sie lange und kurze Vokale.

	a	e	i	o	u
kurz	m a chen	W e sten	n i cht	k o mmen	R u ssland
lang	f a hren	Br e men	sp ie len	w o hnen	Z u g

b) Hören und markieren Sie kurz (•) oder lang (–). Sprechen Sie.

1. Banane – Land – lernen – lesen – hier – mitten – Marokko – Polen – du – Zucker
2. liegen – und – hallo – Tee – wo

sechzehn
16

7 Dialog im Zug

Hören · Sprechen · Lesen · Schreiben ▶▶ 17

Was fehlt?

Marlene Steinmann	Wohin fahrt ihr?
Thomas	Nach München. Und du?
Marlene Steinmann	Nach *Köln*_____. Kommt ihr aus _____?
Thomas	Nein, wir kommen aus _____.
Anna	Ich komme aus Rzeszów.
Marlene Steinmann	Wie bitte? Woher kommst du?
Anna	Aus Rzeszów, aus _____. Ich spreche leider nicht gut Deutsch.
Marlene Steinmann	Ah ja. Was macht ihr in _____?
Thomas	Wir machen Urlaub. Und dann fahren wir noch nach _____.

8 Schreiben und verstehen

Hören · Sprechen · Lesen · Schreiben

	kommen	fahren
ich (Singular)		*fahre*
wir (Plural)		
du (Singular)		*fährst*
ihr (Plural)		

9 Sätze

Hören · Sprechen · Lesen · Schreiben

Bitte sprechen Sie.

ich   du
wir   er   sie
ihr   Sie   sie

heißen   fahren
spielen   arbeiten
verstehen
wohnen   reisen
lernen
machen   kommen

Marlene   aus Deutschland
aus Genf   Karten
in Leipzig
Deutsch   in Österreich
Urlaub   nach Japan
nach Moskau

Wir spielen Karten.

Fährst du nach Moskau?

siebzehn
17

Auf Wiedersehen

1 Bis bald!
Hören | Sprechen | Lesen | Schreiben ▶▶ 20

Hören Sie den Dialog. Bitte ergänzen Sie die Zahlen.

Marlene	Wie heißt ihr eigentlich?
Anna	Ich heiße Anna.
Thomas	Ich heiße Thomas Bauer. Und du?
Marlene	Marlene Steinmann. Hier, das ist meine Karte. Vielleicht kommt ihr einmal nach Köln.
Thomas	Danke, das ist nett. Oder du kommst mal nach Bremen.
Marlene	Ja, vielleicht. Und wo wohnt ihr?
Thomas	Meine Adresse ist Sandhofstraße _____, …
Marlene	Sonthof…
Thomas	Nein, nein. Sandhof: S-a-n-d-h-o-f.
Marlene	Also: Sandhofstraße, Bremen.
Thomas	Ja, _____ Bremen.
Marlene	Gut. Und deine Telefonnummer?
Thomas	_____ _____ .
Marlene	_____ . Alles klar. Dann noch gute Reise!
Thomas	Danke. Bis bald!
Anna	Tschüs.

A Zahlen von 1 bis 100
Hören | Sprechen | Lesen | Schreiben ▶▶ 18

Hören und lernen Sie die Zahlen.

0	null	10	zehn	20	zwanzig	30	dreißig
1	eins	11	elf	21	einundzwanzig	40	vierzig
2	zwei	12	zwölf	22	zweiundzwanzig	50	fünfzig
3	drei	13	dreizehn	23	dreiundzwanzig	60	sechzig
4	vier	14	vierzehn	24	vierundzwanzig	70	siebzig
5	fünf	15	fünfzehn	25	fünfundzwanzig	80	achtzig
6	sechs	16	sechzehn	26	sechsundzwanzig	90	neunzig
7	sieben	17	siebzehn	27	siebenundzwanzig	100	hundert
8	acht	18	achtzehn	28	achtundzwanzig		
9	neun	19	neunzehn	29	neunundzwanzig		

achtzehn

2 Die Visitenkarte

Hören | Sprechen | Lesen | Schreiben

a) Ergänzen Sie.

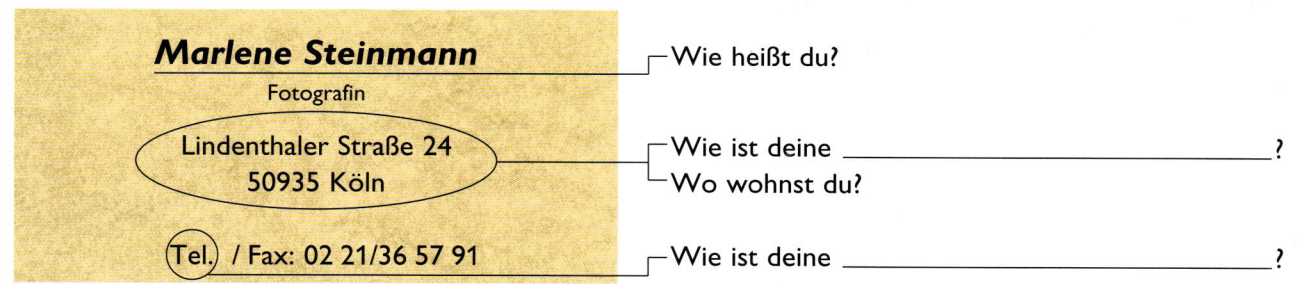

Marlene Steinmann
Fotografin
Lindenthaler Straße 24
50935 Köln
Tel. / Fax: 02 21/36 57 91

— Wie heißt du?

— Wie ist deine _____ ?
— Wo wohnst du?

— Wie ist deine _____ ?

b) Ordnen Sie bitte.

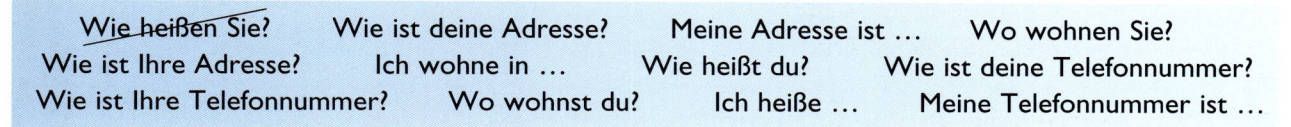

Wie heißen Sie?   Wie ist deine Adresse?   Meine Adresse ist …   Wo wohnen Sie?
Wie ist Ihre Adresse?   Ich wohne in …   Wie heißt du?   Wie ist deine Telefonnummer?
Wie ist Ihre Telefonnummer?   Wo wohnst du?   Ich heiße …   Meine Telefonnummer ist …

Frage „Sie"	Frage „du"	Antwort
1. Wie heißen Sie?		
2.		
3.		
4.		

3 Und jetzt Sie!

Hören | Sprechen | Lesen | Schreiben

Machen Sie Dialoge im Kurs.

(Wie ist Ihre Telefonnummer?)   (Meine Telefonnummer ist …)

B Was hören Sie?

Hören | Sprechen | Lesen | Schreiben 19

Bitte markieren Sie: (37)

1) 14   24   94
2) 65   45   56
3) 66   76   67
4) 19   90   9

C Telefonnummern

Hören | Sprechen | Lesen | Schreiben

Sprechen Sie.

8 81 27 34   **Variante 1:** acht – acht eins – zwei sieben – drei vier
Variante 2: acht – einundachtzig – siebenundzwanzig – vierunddreißig

1) 76 93 16   3) 65 98 12   5) 7 73 69 65
2) 5 17 27 36   4) 46 72 53   6) 91 83 47

neunzehn
19

Im Deutschkurs

1 Verben im Deutschkurs
*Hören | Sprechen | **Lesen** | Schreiben*

Was passt nicht?

> lernen   hören   nummerieren
> schreiben   fragen   reisen   fahren
> wohnen   buchstabieren   kombinieren   sprechen
> lesen   markieren   ergänzen
> antworten   schlafen   ordnen

2 Was machen Sie im Deutschkurs?
*Hören | Sprechen | Lesen | **Schreiben***

Hören	Sprechen	Lesen	Schreiben
Hören Sie bitte.	Bitte sprechen Sie.	Lesen Sie bitte.	Schreiben Sie.

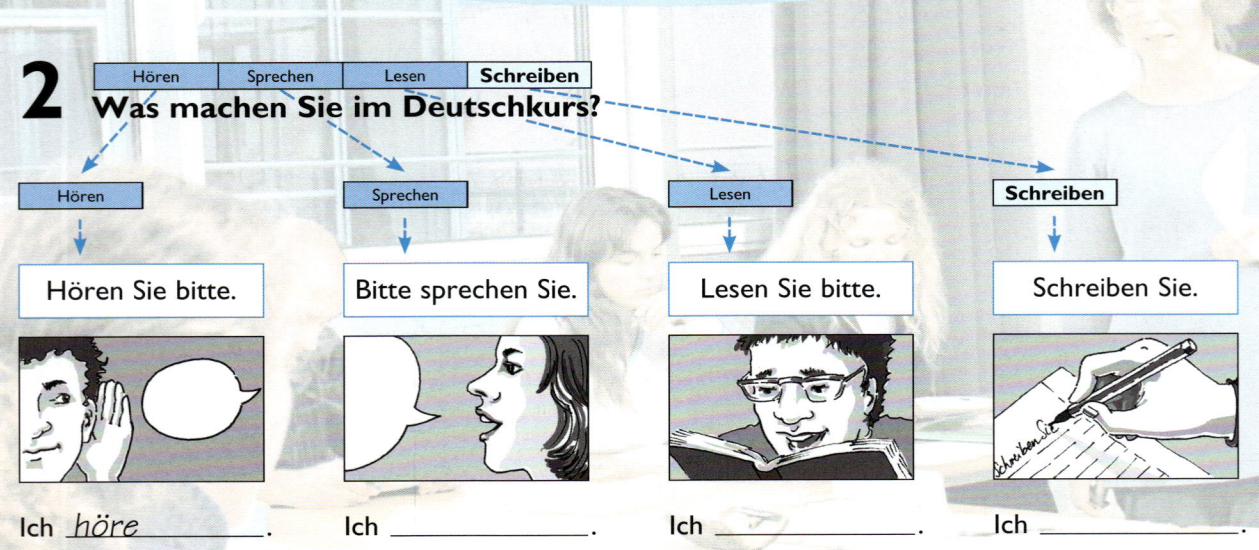

Ich _höre_ .   Ich _____ .   Ich _____ .   Ich _____ .

3 Schreiben und verstehen: der Imperativ
*Hören | Sprechen | Lesen | **Schreiben***

hören	Hören Sie.	Ich höre.
schreiben		Ich schreibe.
fragen		Ich frage.

4 Imperative im Deutschkurs
*Hören | **Sprechen** | Lesen | Schreiben*

Lesen Sie die „Verben im Deutschkurs" (Aufgabe 1) noch einmal. Wie heißen die Imperative?

- Markieren Sie bitte.
- Bitte ergänzen Sie.
- Nummerieren Sie.

zwanzig
20

Grammatik

1 Subjekt und Verb → S. 132

Ich	wohne	in Berlin.
Er	wohnt	in Köln.
Wir	wohnen	in Deutschland.

2 Das Pronomen → S. 149

Das ist Martin Miller.
　　　　Er arbeitet in Deutschland.
Das ist Frau Mohr.
　　　　Sie kommt aus Berlin.
Das sind Anna und Thomas.
　　　　Sie fahren nach München.

3 Das Präsens → S. 138

	komm-en	**fahr-en**	**sein**
ich	komm-e	fahr-e	bin
du	komm-st	fähr-st	bist
er • sie • es	komm-t	fähr-t	ist
wir	komm-en	fahr-en	sind
ihr	komm-t	fahr-t	seid
sie • Sie	komm-en	fahr-en	sind

Achtung: du heiß**t**; du reis**t**; du arbeit**e**st; er arbeit**e**t; ihr arbeit**e**t

4 Die Verbposition → S. 132

Der Aussagesatz

	Position 2	
Ich	wohne	in Berlin.
Das	ist	nett.
Deutschland	liegt	mitten in Europa.
Vielleicht	kommt	ihr einmal nach Köln.
Morgen	fahren	wir nach Österreich.

Die W-Frage

	Position 2	
Wer	ist	das?
Wie	heißt	sie?
Wo	wohnt	sie?
Woher	kommt	er?
Wohin	fährt	er?
Was	passt?	

Regel: Das Verb steht auf Position 2.

Die Ja-/Nein-Frage

Position 1

Kommt	ihr aus Bremen?
Fährt	Frau Steinmann nach Köln?

Der Imperativ-Satz

Position 1

Lesen	Sie.
Hören	Sie.

Regel: Das Verb steht auf Position 1.

Lektion 2 — Bilder aus Deutschland

1 Hören | Sprechen | **Lesen** | Schreiben
Deutschland von Norden nach Süden

a) Bitte lesen Sie.

1 *Ein Hafen, ein Schiff aus Russland*

Das ist der Hafen von Rostock. Das Schiff kommt aus Russland. Von Rostock fahren viele Schiffe nach Norden, z. B. nach Dänemark, und nach Osten, z. B. nach Russland oder nach Polen. Die Stadt Rostock liegt in Norddeutschland.

2 *Eine Autobahn*

Das ist die Autobahn A 40 nach Dortmund. Rechts und links sind Gebäude und Fabriken. Die Region heißt Ruhrgebiet. Hier liegen die Städte Duisburg, Essen, Bochum und Dortmund. Autos, Busse und Lastwagen: Die Autobahnen im Ruhrgebiet sind immer voll.

3 *Ein Bahnhof*

Der Hauptbahnhof von Köln. Er liegt mitten in Köln und ist sehr groß. Jeden Tag fahren viele Züge nach Köln.

zweiundzwanzig

b) Bitte ergänzen Sie.

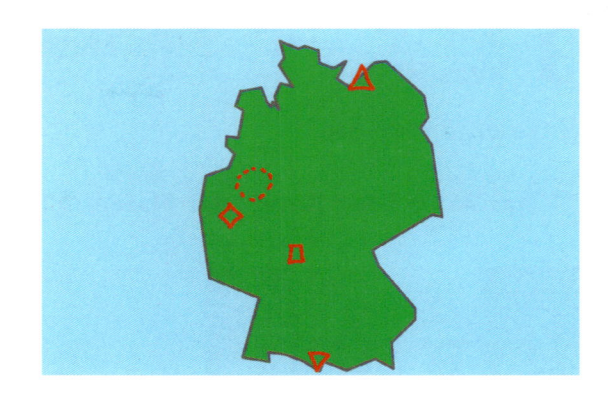

△ _____

◌ _____

◇ _Köln_ _____

▢ _____

▽ _____

2 Ein Hafen? Der Hafen?

Hören | Sprechen | **Lesen** | Schreiben

Was finden Sie im Text?

ein	eine	der	die	das	
✗	○	✗	○	○	Hafen
○	○	○	○	○	Bahnhof
○	○	○	○	○	Kirche
○	○	○	○	○	Autobahn
○	○	○	○	✗	Schiff
○	○	○	○	○	Dorf

4 *Ein Platz* *Ein Rathaus*

Ein Platz im Zentrum von Frankfurt, Restaurants und viele Menschen. Die Häuser links sind schon sehr alt. Das Gebäude rechts ist das Rathaus, der „Römer".

5 *Ein Dorf*

Ein Dorf, im Zentrum eine Kirche – und Berge, Berge, Berge. Die Alpen liegen in Süddeutschland. Das Dorf heißt Oberstdorf. Es liegt in Bayern.

3 Was ist das?

Bitte ergänzen Sie.

> das Auto   der Berg   der Hafen   ~~die Straße~~   die Fabrik   die Kirche   der Lastwagen

1. Das ist _eine Straße_.   _Die Straße_ liegt im Zentrum von Köln.

2. Das ist _____ _____.
_____ _____ fährt nach Berlin.

3. Das ist _____ _____.
_____ _____ liegt in Süddeutschland.

4. Das ist _____ _____.
_____ _____ ist in Norddeutschland.

5. Das ist _____ _____.
_____ _____ liegt im Ruhrgebiet.

6. Das ist _____ _____.
_____ _____ ist schon alt.

7. Das ist _____ _____.
_____ _____ fährt nach Italien.

4 Was passt zusammen?

Singular	Plural	
① Zug	A Autos	1 B
② Stadt	B Züge	2 D
③ Haus	C Häuser	3 C
④ Bus	D Städte	4 F
⑤ Auto	E Kirchen	5 A
⑥ Kirche	F Busse	6 E

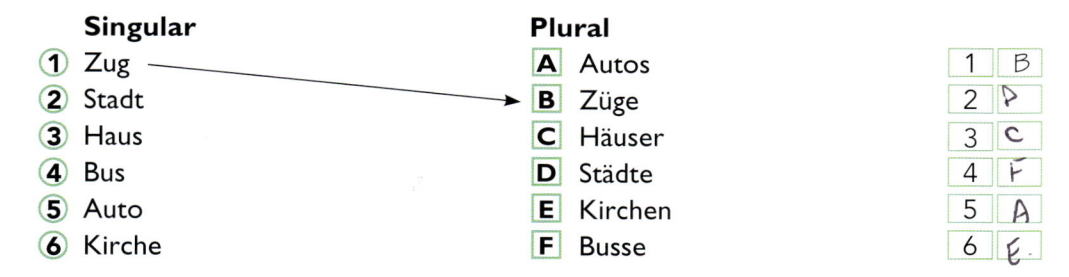

5 Singular und Plural

~~Plätze~~   die Dörfer   Straßen   die Straßen   der Platz   ein Dorf

ein Platz	Plätze		die Plätze
eine Straße		die Straße	
	Dörfer	das Dorf	

6 Schreiben und verstehen: der Artikel

Artikel	m	f	n	Pl
unbestimmt	ein Berg	___ Kirche	___ Haus	___ Plätze
bestimmt	___ Berg	die Kirche	___ Haus	___ Plätze

7 Wo hören Sie Wörter im Plural? 🎧 21

Bitte markieren Sie.

1. ☐   2. ☐   3. ☐   4. ☐   5. ☐   6. ☐   7. ☐   8. ☐

8 Hören und sprechen: der Wortakzent (1) 🎧 22

Wo ist der Akzent? Bitte markieren Sie.

1. H[a]fen – Kirche – Berge – Bahnhof – Lastwagen – Süddeutschland
2. Journal[i]st – Restaurant – Alphabet – Fabrik – Situation

fünfundzwanzig
25

Eine Stadt, ein Dorf

1 | Hören | Sprechen | Lesen | **Schreiben** |
Zwei Situationen, zwei Texte

Was passt? Bitte sortieren Sie.

Andreas Matthis in Frankfurt

*Moritz, Jan und Florian,
Anna Brandner und Sandra Preisinger im Café*

Sie trinken Kaffee.   Der Bus kommt nicht.   Die Straße ist der Fußballplatz.
~~Ein Mann wartet.~~   ~~Zwei Frauen im Café Kurz.~~   In Frankfurt fahren viele Autos.
Die Straßen hier sind sehr voll.   Die Kinder spielen Fußball.
Sie essen Eis und Schokoladentorte.   Er wartet schon 20 Minuten. Warum?

Ein Mann wartet.

Zwei Frauen im Café Kurz.

2 Der Bus kommt nicht

Was sagt Herr Matthis?

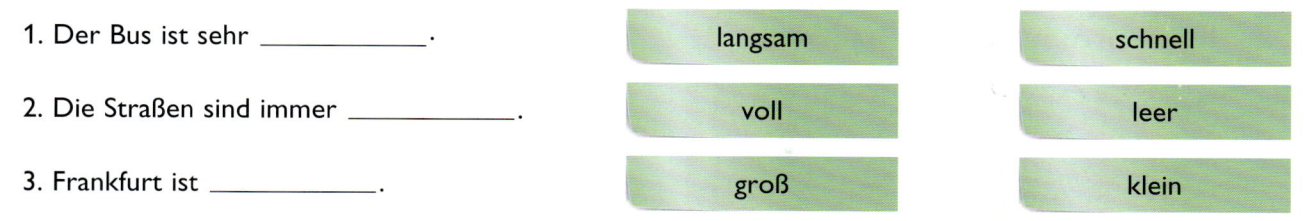

1. Der Bus ist sehr _____ .   langsam   schnell

2. Die Straßen sind immer _____ .   voll   leer

3. Frankfurt ist _____ .   groß   klein

3 Im Café Kurz

Was sagen Frau Brandner und Frau Preisinger?

1. Das Eis ist _____ .   groß   klein

2. Der Kaffee ist _____ .   heiß   kalt

3. Die Schokoladentorte ist _____ .   gut   schlecht

4 Was ist wie?

a) Bitte schreiben Sie.

| schlecht | klein | gut | groß | heiß | kalt | leer | schnell | voll | langsam |

der Tee: *heiß, kalt,* _____
das Eis: _____
der Zug: _____
die Stadt: _____
die Straßen: _____

b) Fragen und antworten Sie bitte.

▶ Ist der Zug voll?   ◁ Nein, der Zug ist nicht voll. Er ist leer.

5 Hören und sprechen: der Wortakzent (2)

Wo ist der Akzent? Bitte markieren Sie.

1. der Pl[a]tz   der F[u]ßballplatz
2. der Zug   der Schnellzug
3. ein Kaffee   ein Eiskaffee
4. eine Torte   eine Schokoladentorte
5. die Stadt   die Großstadt   die Kleinstadt   die Altstadt
6. ein Eis   ein Bananeneis   ein Zitroneneis   ein Schokoladeneis

siebenundzwanzig
27

Die Stadt Frankfurt

1 Hören | Sprechen | **Lesen** | Schreiben
Im Zentrum und am Stadtrand

Die Straße „Zeil" liegt im Zentrum von Frankfurt. Hier fährt kein Auto und kein Bus. Hier sind nur Geschäfte, Kaufhäuser und viele Menschen. Und alle gehen zu Fuß. Die Paulskirche, das Rathaus, der Main und die Museen: alles ist ganz nah. Im Zentrum von Frankfurt sind auch viele Theater, Hotels, Restaurants und Kinos.

Auch das ist Frankfurt: Wohnhäuser, Supermärkte und viele Autos – aber kein Kino, kein Kaufhaus und kein Museum. Viele Menschen wohnen am Stadtrand, aber sie arbeiten nicht hier. Sie arbeiten im Zentrum.

2 **Hören** | Sprechen | Lesen | Schreiben ▶▶ 26
Herr Matthis in Frankfurt

Wo ist er?

☐ im Zentrum   ☐ am Stadtrand

3 Hören | Sprechen | Lesen | **Schreiben**
Schreiben und verstehen: die Negation

	Nomen			
Artikel	**m**	**f**	**n**	**Pl**
unbestimmt	ein Bus	eine Kirche	ein Kino	Busse, Kirchen, Kinos
negativ	_____ Bus	*keine* Kirche	_____ Kino	*keine* Busse, _____ Kirchen, *keine* Kinos

	Verben	
positiv +	Die Menschen arbeiten	hier.
negativ −	Die Menschen arbeiten _____	hier.

achtundzwanzig
28

4 Gebäude in Frankfurt

Bitte lesen und sprechen Sie.

das Rathaus	das Hotel	das Wohnhaus	die Universität
das Museum	die Kirche	die Bank	die Post
	die Schule	das Geschäft	

▶ Was ist Nummer 1?
◁ Ich weiß nicht. Vielleicht ein Rathaus?
▶ Nein, das ist kein Rathaus. Ich glaube, das ist eine Bank.
◁ Eine Bank? Das ist doch keine Bank.
▶ Na gut. Und das hier? Was ist das?
◁ ...

5 Eine Stadt und ein Dorf

Sprechen Sie bitte.

Ich glaube, da sind viele Geschäfte.

Da sind keine Geschäfte.

neunundzwanzig
29

In Köln

1 | Hören | Sprechen | Lesen | Schreiben | ▶▶ 27
Marlene Steinmann wohnt in Köln

Bitte hören Sie: Was antwortet Frau Steinmann?

Herr Schneider
1. Na, wie geht's?

2. Nervös? Warum?

3. Kein Problem! Ich habe ein Auto.

Frau Steinmann
☐ Gut.
☐ Es geht.
☐ Nicht so gut.

☐ Der Bus kommt nicht.
☐ Das Taxi kommt nicht.
☐ Das Taxi kommt.

☐ Das ist sehr nett. Vielen Dank!
☐ Nein danke, ich gehe zu Fuß.
☐ Nein danke, ich warte.

2 | Hören | Sprechen | Lesen | Schreiben | ▶▶ 31
Die Touristen-Information in Köln: Martin Miller fragt

Ergänzen Sie die Zahlen.

Martin Miller	Wie alt ist die Stadt Köln?
Touristeninformation	Köln ist _____ Jahre alt.
Martin Miller	Wie hoch ist die Kirche?
Touristeninformation	Der Kölner Dom? Der Dom ist _____ Meter hoch.
Martin Miller	Und noch eine Frage: Wie viele Menschen wohnen in Köln?
Touristeninformation	Hier wohnen ungefähr _____ Menschen.

A | Hören | Sprechen | Lesen | Schreiben | ▶▶ 28
Zahlen von 100 bis 1 000 000

Hören und lernen Sie die Zahlen.

100	(ein)hundert	**1 000**	(ein)tausend	**2 367**	zweitausenddreihundertsiebenundsechzig
101	hunderteins	**1 001**	tausendeins	**10 000**	zehntausend
110	hundertzehn	**1 010**	tausendzehn	**100 000**	hunderttausend
200	zweihundert	**1 100**	tausendeinhundert	**350 000**	dreihundertfünfzigtausend
300	dreihundert	**2 000**	zweitausend	**1 000 000**	eine Million

dreißig

3 Das Zentrum von Köln

a) Was passt?

Frankenplatz **C**   Museen **E**
Hauptbahnhof **B**   Dom **A**
Touristen-Information **D**   Rhein **F**

1. Mitten im Zentrum von Köln liegt der _Dom_____.
2. Links ist die _____.
3. Der Platz rechts ist der _____.
4. Die _____ sind ganz nah.
5. Im Norden liegt der _____ und im Osten liegt der Fluss, der _____.

b) Die Touristen in Köln haben viele Fragen. Bitte antworten Sie.

Wo liegt …?   Was liegt …?
Wie heißt …?   Wie viele …?   Wie alt …?

4 Wie hoch? Wie alt? Wie viele?

1. der Fernmeldeturm in Frankfurt   331 Meter
2. der Messeturm in Frankfurt   256 Meter
3. das Rathaus in Köln   670 Jahre
4. die Stadt Rostock   780 Jahre
5. in Frankfurt   650 000 Menschen
6. in Oberstdorf   10 500 Menschen

Wie hoch ist der Fernmeldeturm in Frankfurt?

Der Fernmeldeturm ist 331 Meter hoch.

B Zahlen ▶▶ 29

Was hören Sie? Bitte markieren Sie.

a) 2 111   2 112
b) 45 000   54 000
c)   313   330
d) 101 000   111 000

C Zahlendiktat ▶▶ 30

Schreiben Sie bitte.

a) _615_
b)
c)
d)
e)
f)

einunddreißig
31

Im Deutschkurs

1 Hören | Sprechen | Lesen | **Schreiben**
Bild und Wort

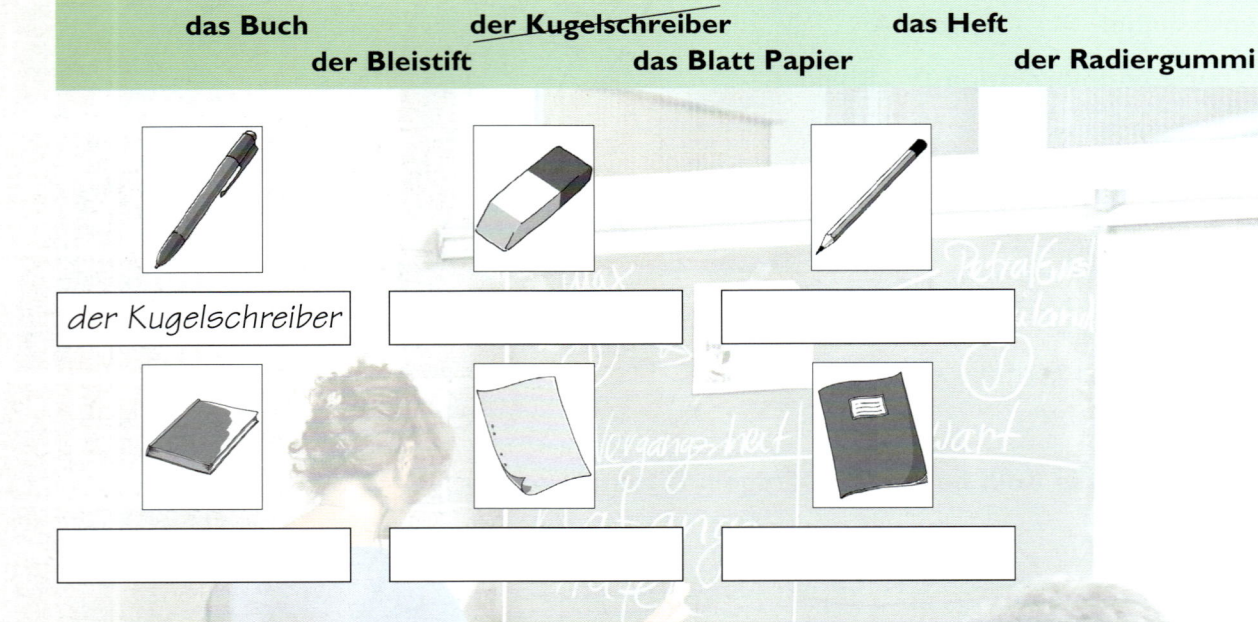

das Buch   der Kugelschreiber   das Heft
der Bleistift   das Blatt Papier   der Radiergummi

der Kugelschreiber

2 Hören | Sprechen | **Lesen** | Schreiben
Das Kursbuch

der Text

die Grammatik

das Bild

die Aufgabe

die Seite

3 Hören | Sprechen | **Lesen** | Schreiben
Was sagen Sie im Deutschkurs?

Bitte markieren Sie.

1. Wie bitte | bitte wiederholen Sie ich verstehe nicht bitte langsam
   Wie bitte? _____ _____
2. Entschuldigung ich habe eine Frage bitte noch einmal ich weiß nicht
   _____ _____ _____

2 zweiunddreißig
32

Grammatik

1 Das Nomen → S. 144, 145

Der Artikel

	m	**f**	**n**	**Pl**
bestimmt	der Zug	die Kirche	das Schiff	die Züge, die Kirchen, die Schiffe
unbestimmt	ein Zug	eine Kirche	ein Schiff	– Züge, – Kirchen, – Schiffe
negativ	kein Zug	keine Kirche	kein Schiff	keine Züge, keine Kirchen, keine Schiffe

Singular und Plural

Singular	Plural
das Schiff	die Schiffe
der Zug	die Züge
die Kirche	die Kirchen
das Bild	die Bilder
das Dorf	die Dörfer
das Auto	die Autos
der Lastwagen	die Lastwagen

Regel: Lernen Sie Nomen immer mit Artikel und Plural.

2 *sein* + Adjektiv → S. 137

m	**f**	**n**	**Pl**
Der Kaffee ist heiß.	Die Torte ist gut.	Das Eis ist kalt.	Die Straßen sind voll.

3 Die Negation (Verneinung) → S. 155

	positiv +	negativ –
Negation *kein*	Ist das ein **Rathaus**?	Nein, das ist kein **Rathaus**.
Negation *nicht*	Der Bus **kommt**.	Der Bus **kommt** nicht.
	Der Kaffee ist **heiß**.	Der Kaffee ist nicht **heiß**.

Regel: kein verneint das Nomen.

4 Das Präsens → S. 139

	wissen
ich	weiß
du	weißt
er • sie • es	weiß
wir	wissen
ihr	wisst
sie • Sie	wissen

dreiunddreißig
33

Lektion 3
Meine Familie und ich

1 Eine Show im Fernsehen | Hören | Sprechen | Lesen | Schreiben | ▶▶ 32–34

Drei Sendungen. Was hören Sie? Bitte nummerieren Sie.

☐ Krimi ☐ Nachrichten ☐ Fernsehshow „Meine Familie und ich"

2 Eine Kandidatin

Hören | Sprechen | **Lesen** | Schreiben ▶▶ 35

Frau Schnell	Ja, bitte?
Frau Mainka	Entschuldigung, ist hier das Büro von „Meine Familie und ich"?
Frau Schnell	Ja, hier sind Sie richtig. Bitte nehmen Sie Platz.
Frau Mainka	Danke.
Frau Schnell	Sie sind also eine Kandidatin für „Meine Familie und ich"?
Frau Mainka	Ja, ich sehe jeden Tag fern und ich finde die Show ganz fantastisch. Ich möchte sehr gern mitmachen!
Frau Schnell	Schön. Wie ist Ihr Name bitte?
Frau Mainka	Mainka.
Frau Schnell	Ist das Ihr Vorname?
Frau Mainka	Nein, das ist mein Familienname.
Frau Schnell	Und Ihr Vorname?
Frau Mainka	Irene.
Frau Schnell	Also: Irene Mainka. Wie alt sind Sie, Frau Mainka?
Frau Mainka	Ich bin 34 Jahre alt.
Frau Schnell	Und was sind Sie von Beruf?
Frau Mainka	Ich bin Krankenschwester, aber jetzt arbeite ich nicht. Im Moment bin ich Hausfrau.

3 Fragen und Antworten

Hören | Sprechen | **Lesen** | **Schreiben**

	Frage	Antwort
Wo	Entschuldigung, ist hier das Büro von „Meine Familie und ich"?	Ja, hier sind Sie richtig.
Name		Ich heiße
Vorname		
Alter		
Beruf		

fünfunddreißig
35

4 Die Familie von Frau Mainka

Hören | Sprechen | **Lesen** | Schreiben ⏩ 36

a) Frau Schnell fragt weiter. Lesen Sie bitte.

Frau Schnell	Und wie ist Ihr Familienstand? *family status*
Frau Mainka	Wie bitte?
Frau Schnell	Sind Sie verheiratet? *married*
Frau Mainka	Ja, ja, natürlich.
Frau Schnell	Na ja, so natürlich ist das doch nicht.
Frau Mainka	Aber – die Show heißt doch „Meine Familie und ich"!
Frau Schnell	Richtig. Sie sind also verheiratet. Haben Sie auch Kinder?
Frau Mainka	Ja, zwei.
Frau Schnell	Haben Sie vielleicht ein Foto?
Frau Mainka	Natürlich. Hier, das ist meine Familie: mein Mann, meine Tochter Beate und mein Sohn Stefan.
Frau Schnell	Sehr hübsch, Ihre Kinder. *pretty* Wie alt ist Ihre Tochter?
Frau Mainka	Zehn Jahre.
Frau Schnell	Und Ihr Sohn?
Frau Mainka	Acht.

b) Markieren Sie: richtig (r) oder falsch (f)?

1. Frau Mainka ist nicht verheiratet. — r ⊠
2. Sie hat kein Familienfoto. — r (f)
3. Sie hat zwei Töchter. — r (f)
4. Die Kinder heißen Marion und Stefan. — r (f)
5. Ihre Kinder sind hübsch. — (r) f
6. Ihre Tochter ist acht Jahre alt. — r (f)

5 Der Familienstand von Frau Mainka

Hören | Sprechen | **Lesen** | Schreiben

Was passt?

① Wie ist Ihr Familienstand?   **A** Meine Kinder sind acht und zehn.   1 | C
② Sind Sie verheiratet?   **B** Ja, zwei.   2 |
③ Haben Sie Kinder?   **C** Ich bin verheiratet.   3 |
④ Wie alt sind Ihre Kinder?   **D** Ja.   4 |

3 sechsunddreißig
36

6 Hören und sprechen: ä, ö, ü – kurz oder lang?

a) Hören Sie bitte.

	ä	ö	ü
kurz	Geschäft	Töchter	hübsch
lang	(sie) fährt	schön	Süden

b) Hören und markieren Sie kurz (•) oder lang (–). Sprechen Sie.

1. Dänemark – Länder – (sie) schläft – (du) fährst
2. hören – (ich) möchte – Söhne – nervös
3. Züge – Brüssel – Bücher – Süddeutschland

7 Du. Und Sie?

Wie heißt du?   *Wie heißen Sie? Wie ist Ihr Name?*
Wie alt bist du?   _____
Was bist du von Beruf?   _____
Bist du verheiratet?   _____
Hast du Kinder?   _____
Wie alt sind deine Kinder?   _____

8 Schreiben und verstehen: Possessivartikel *mein, dein, Ihr*

	m	f	n	Pl
ich	Name	Familie	*mein* Foto	Kinder
du	*dein* Name	*deine* Familie	*dein* Foto	Kinder
Sie	Name	*Ihre* Familie	*Ihr* Foto	Kinder

9 Machen Sie ein Interview!

Sie möchten also bei „Meine Familie und ich" mitmachen.

Ja!

Du möchtest also bei „Meine Familie und ich" mitmachen.

Wie ist Ihr Name?

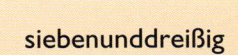

Ich heiße …

Die Hobbys von Frau Mainka

1 Hören | Sprechen | **Lesen** | Schreiben ▶▶ 39
Was macht Frau Mainka gern?

Lesen Sie bitte.

Frau Schnell	Schön, Frau Mainka. Und jetzt noch Ihr Hobby.
Frau Mainka	Tja also, mein Hobby …
Frau Schnell	Ja, was machen Sie gern?
Frau Mainka	Ich höre gern Musik, ich gehe gern ins Kino, ich sehe gern „Meine Familie und ich" …
Frau Schnell	Und Sport? Joggen Sie? Oder spielen Sie Tennis?
Frau Mainka	Nein, ich bin ziemlich unsportlich.
Frau Schnell	Gut, Frau Mainka. Vielen Dank. Bitte kommen Sie am Montag um 10 Uhr. Wiedersehen!

2 Hören | **Sprechen** | Lesen | Schreiben
Hobbys: Was machen Sie gern? Was machst du gern?

Musik hören	singen	Gitarre spielen	lesen
Deutsch lernen	joggen	reisen	Tennis spielen
Eis essen	Auto fahren	ins Kino gehen	Sport machen

▶ Ich höre gern Musik. Und du?   ◁ Ich lese gern.

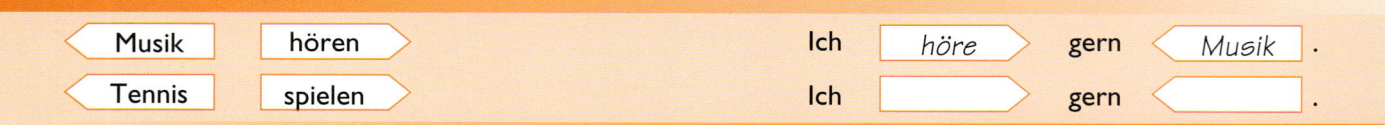

3 Hören | Sprechen | Lesen | **Schreiben**
Schreiben und verstehen: die Satzklammer (1)

| Musik | hören | | Ich | *höre* | gern | *Musik* | . |
| Tennis | spielen | | Ich | | gern | | . |

4 Hören | **Sprechen** | Lesen | Schreiben
Was machen Sie *immer, oft, manchmal, selten, nie*?

100 %   0 %

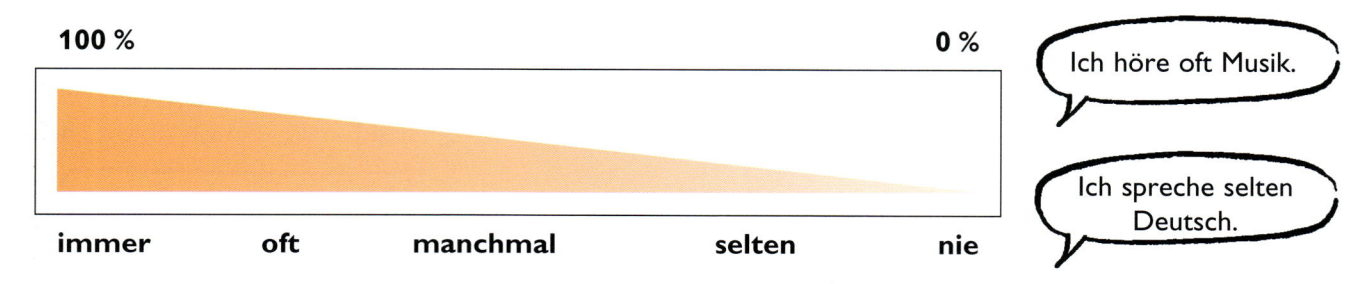

immer   oft   manchmal   selten   nie

Ich höre oft Musik.

Ich spreche selten Deutsch.

3 achtunddreißig
38

Das Formular

1 | Hören | Sprechen | Lesen | **Schreiben** |
Machen Sie mit?

Bitte füllen Sie das Formular aus.

Tele-Media

Produktion:
Meine Familie und ich

Bitte schreiben Sie in Druckbuchstaben:

Familienname: _____
Vorname: _____

Adresse
Straße: _____
Postleitzahl: _____
Ort: _____
Telefon: _____
Fax: _____
E-Mail: _____

Alter: _____ Jahre
Familienstand: ○ ledig
○ verheiratet
○ geschieden
Kinder: ○ ja   ○ nein

Beruf: _____
Hobby: _____
_____
_____
_____

Meine Familie:

Ehemann/Partner
Name: _____
Alter: _____
Beruf: _____
Hobby: _____

Ehefrau/Partnerin
Name: _____
Alter: _____
Beruf: _____
Hobby: _____

Kinder
Name: _____
Alter: _____
Hobby: _____
Schüler/-in: ○ ja   ○ nein
Student/-in: ○ ja   ○ nein

Tele-Media

Produktionsgesellschaft für Film, Funk, Fernsehen und Video

neununddreißig
39
3

Montag, 9 Uhr, Studio 21

1 Das Casting

a) Lesen Sie bitte.

Heute findet das Casting für „Meine Familie und ich" statt. Der Produzent und die Fotografin Frau Steinmann sind schon da. Aber wo ist Frau Schnell, die Assistentin? Wann kommt sie? Der Produzent ist nervös. Das Casting fängt um zehn Uhr an. Er möchte viel wissen: Wer macht mit? Wer sind die Kandidaten? Wer ist um zehn Uhr dran? Wer um zehn Uhr dreißig?

b) Wer ist wann dran? Sprechen Sie.

▶ Um 10 Uhr ist Frau Mainka dran.
◁ Um 10 Uhr 30 ist …

Mo	Di	Mi	Do	Fr	Sa	So

10:00 Frau Mainka
10:30 Herr Wunderlich
11:00 Frau Braun
11:30 Herr Kowalski
12:00 – Pause –
12:45 Sebastian Hahn
13:15 Familie Troll
13:55 Herr und Frau Franke

2 Schreiben und verstehen: die Satzklammer (2)

statt finden	Heute	_____	das Casting	_____ .
da sein	Der Produzent	ist	schon	_____ .
möchte wissen	Er	_____	viel	_____ .

3 Möchten Sie mitspielen?

1. ▶ Ja, ich _spiele_ gern _mit_.
2. ◁ Gut. Das Casting ist am Montag.
3. ▶ Und wann _____ das Casting _____?
4. ◁ Um 10 Uhr, und Sie _____ um 11 Uhr _____.
5. ▶ Prima, ich _____ um 11 Uhr _____! Vielen Dank!

dran sein
~~mitspielen~~
da sein
anfangen

vierzig
40

4 Kandidatin Frau Mainka 📻 40

Hören | Sprechen | Lesen | Schreiben

a) Was glauben Sie: Was macht ihr Mann? Was machen die Kinder?

b) Herr Spring, Produzent, und Frau Mainka, Kandidatin. Was hören Sie?

1. Irene Mainka ☐ arbeitet / ☒ wohnt in Dortmund.
2. Ihr Mann ist ☐ 34 / ☐ 38 Jahre alt.
3. Ihr Mann ist ☐ Busfahrer / ☐ Taxifahrer von Beruf.
4. Ihre Kinder gehen ☐ gern / ☐ nicht gern in die Schule.
5. Ihre Mutter wohnt ☐ auch / ☐ nicht in Dortmund.
6. Ihr Hobby ist ☐ Radio / ☐ Musik hören.

5 Kandidat Sebastian Hahn 📻 41

Hören | Sprechen | Lesen | Schreiben

a) Was glauben Sie: Wie alt ist Sebastian Hahn? Was ist sein Hobby?

b) Herr Spring, Produzent, und Sebastian Hahn, Kandidat. Bitte hören Sie: richtig (r) oder falsch (f)?

1. Sebastian ist zwölf Jahre alt. _____ r / ~~f~~
2. Sein Hobby sind Computerspiele. _____ r / f
3. Seine Großmutter ist Kandidatin für „Meine Familie und ich". _____ r / f
4. Seine Eltern sind nicht da. _____ r / f
5. Sein Vater arbeitet in Japan. _____ r / f
6. Sebastian möchte gern ein Computerspiel haben. _____ r / f

6 Schreiben und verstehen: Possessivartikel *ihr, sein*

Hören | Sprechen | Lesen | **Schreiben**

Irene Mainka:	*Ihr* Mann ist Busfahrer.	Sebastian Hahn:	___ Vater arbeitet in Japan.
	___ Mutter wohnt in Dortmund.		___ Großmutter ist Kandidatin.

7 Familie Mainka und Familie Hahn: Was wissen Sie?

Hören | Sprechen | Lesen | **Schreiben**

1. Irene Mainka wohnt in Dortmund.
   Ihr Mann _____

2. Sebastian ist _____
   _____

einundvierzig 41

Ein Brief aus Tübingen

1 Hören | Sprechen | **Lesen** | Schreiben
Familie Troll möchte mitspielen

Tübingen, 14. 01. 2001

Liebe Frau Schnell,

wir sehen immer Ihre Show „Meine Familie und ich" und wir finden die Sendung ganz toll. Aber: Warum spricht immer nur eine Person und nicht die ganze Familie? Wir möchten alle zusammen mitmachen. Wir, das sind: meine Geschwister, also mein Bruder Thomas und meine Schwester Tanja, dann unsere Eltern Theodor und Therese, unser Onkel Toni, unsere Tante Tina und natürlich ich, Torsten Troll.
Ach ja, unser Hund Tristan und unsere Katze Tiramisu möchten auch mitkommen.
Wir haben alle ein Hobby: Wir machen gern Musik. Bitte laden Sie meine ganze Familie ein!

Mit freundlichen Grüßen

Torsten Troll

PS: Wir bringen unser Lied für Ihre Show mit.

2 Hören | Sprechen | Lesen | **Schreiben**
Familie Troll: Wer ist wer?

a) *Schreiben Sie die Namen.*

b) *Bitte erklären Sie.*

▶ Thomas ist der Sohn von Therese und der Bruder von Tanja und Torsten.
◁ Tina ist die …

3 zweiundvierzig
42

3 Vater, Mutter, Kinder

Lesen Sie den Brief (Aufgabe 1) noch einmal und kombinieren Sie.

▶ Die Eltern und die Kinder; der Bruder ...   ◁ Die Eltern: Vater und ...

4 Das Lied von Familie Troll

Ergänzen Sie.

1. Das bin ich, und das ist _meine_ Flöte.
   Das bist du, und das ist _dein_ Klavier.
   Unser Lied ist sicher nicht von Goethe.
   Ganz egal – wir singen es jetzt hier.

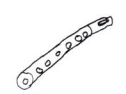

2. Er singt _____ Lied.
   Sie singt _____ Lied.
   Und was macht das Kind?
   Es singt auch _____ Lied.

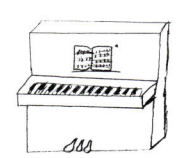

3. Wir singen unser Lied.
   Ihr singt euer Lied.
   Und was machen sie?
   Sie singen ihre Melodie.

5 Schreiben und verstehen: Possessivartikel *unser, euer, ihr*

	m	f	n	Pl
wir	Hund	unsere Melodie	Lied	Eltern
ihr	euer Hund	eure Melodie	Lied	eure Eltern
sie	ihr Hund	Melodie	ihr Lied	ihre Eltern

6 Herr und Frau Troll haben drei Kinder

a) Ergänzen Sie bitte.

Ihre Kinder heißen _____, _____ und _____.
_____ Sohn Torsten spielt Klavier, _____ Tochter spielt Flöte und
_____ Sohn Thomas singt. Die Musik ist _____ Hobby. Sie haben auch zwei
Haustiere: _____ Katze heißt _____ und _____ Hund heißt
_____.

b) Herr und Frau Troll erzählen.

▶ Wir haben drei Kinder. Unsere Kinder heißen ...

c) Und Ihre Familie?

Im Deutschkurs

1 Hören und sprechen: der Wortakzent
Hören | Sprechen | Lesen | Schreiben ▶▶ 43

Wo ist der Akzent? Markieren Sie. Bitte sprechen Sie.

1. m[a]chen – m[i]tmachen
2. singen – mitsingen
3. spielen – mitspielen
4. sprechen – nachsprechen
5. lesen – vorlesen
6. bringen – mitbringen

2 Was hören Sie im Kurs? Was sagen Sie?
Hören | Sprechen | Lesen | Schreiben

| mitspielen | anfangen | mitmachen | mitsingen |

1. ▶ Spielen Sie mit?
   ◁ Ja, ich spiele mit.
   ▶ …

2. ▶ Möchten Sie mitspielen?
   ◁ Ja, ich möchte gern mitspielen.
   ▶ …

3 Der Kalender von Igor Schapiro
Hören | Sprechen | Lesen | Schreiben

11 Montag	**12** Dienstag	**13** Mittwoch	**14** Donnerstag	**15** Freitag	**16** Samstag	**17** Sonntag
7	7	7	7	7	7	7
8	8	8	8	8	8	8
9	9	⑨ Deutschkurs	9	9	9	9
10	10	10	10	10	10	10
11	11	11	11	11	11	11
12	12	12	12	12	12	12
13	13	13	13	13	13	13
14	14	14	14	14	14	14
15	15	15	15	15	15	15
⑯ Deutschkurs	16	16	16	16	16	16
17	17	17	⑰ Fußball	17	17	17
18	⑱ Karten	18	18 spielen	18	18	18
19	19 spielen	19	19	19	⑲ Kino	19

a) Was ist am …?

▶ Am Montag ist Deutschkurs.
◁ Am Dienstag spielt er Karten.

b) Um wie viel Uhr …?

▶ Um 16 Uhr ist Deutschkurs.
◁ Um 18 Uhr spielt er Karten.

c) Und Sie? Was machen Sie wann?

Am …

Um …

3 vierundvierzig
44

Grammatik

1 Der Possessivartikel → S. 148

	m	f	n	Pl
ich	mein Hund	meine Familie	mein Lied	meine Eltern
du	dein Hund	deine Familie	dein Lied	deine Eltern
er	sein Hund	seine Familie	sein Lied	seine Eltern
sie	ihr Hund	ihre Familie	ihr Lied	ihre Eltern
es	sein Hund	seine Familie	sein Lied	seine Eltern
wir	unser Hund	unsere Familie	unser Lied	unsere Eltern
ihr	euer Hund	eure Familie	euer Lied	eure Eltern
sie	ihr Hund	ihre Familie	ihr Lied	ihre Eltern
Sie	Ihr Hund	Ihre Familie	Ihr Lied	Ihre Eltern

2 Das Präsens → S. 138

	mitspielen	haben	möcht-
ich	spiele mit	habe	möchte
du	spielst mit	hast	möchtest
er • sie • es	spielt mit	hat	möchte
wir	spielen mit	haben	möchten
ihr	spielt mit	habt	möchtet
sie • Sie	spielen mit	haben	möchten

3 Die Satzklammer → S. 135

Zweiteilige Verben	Frau Mainka hört gern Musik.	Musik hören
Trennbare Verben	Sebastian füllt das Formular aus.	aus füllen
Modalverben	Der Produzent möchte viel wissen.	möchte wissen

Regel: Viele Verben haben im Satz zwei Teile.

		Verb	Satzmitte	Satzende
Aussagesatz	Wir	möchten	nach Italien	fahren.
W-Frage	Wer	hört	gern	Musik?
Ja-/Nein-Frage		Spielt	ihr heute	mit?
Imperativ-Satz		Machen	Sie doch bitte	mit.

Regel: Der eine Teil steht auf Position 2 oder 1, der andere am Satzende.

Lektion 4

Der Münsterplatz in Freiburg

4
sechsundvierzig
46

1 Der Münsterplatz

Hören | Sprechen | Lesen | **Schreiben**

Wer ist da? Was ist da?

~~die Kellnerin~~   ~~das Eis~~   der Mann   das Münster

das Obst   das Kind   das Gemüse   die Frau

die Marktfrau   das Café   der Marktstand

Wer?	Was?
die Kellnerin,	das Eis,

2 Was sehen Sie?

Hören | **Sprechen** | Lesen | Schreiben

a) Bitte verbinden Sie.

1. Es gibt ─────────────── Obst und Gemüse.
2. Die Kellnerin bringt   ein Buch.
3. Ein Mann liest ────────── ein Café und einen Marktstand.
4. Die Marktfrau verkauft   einen Kaffee.
5. Das Kind isst   den Münsterplatz.
6. Marlene Steinmann fotografiert   ein Eis.

b) Sprechen Sie.

▶ Es gibt ein Café und einen Marktstand.

siebenundvierzig
47

Foto-Objekte

1 Fotos von Timo
Lesen

a) Bitte lesen Sie den Text.

Der Münsterplatz in Freiburg. Hier gibt es einen Souvenirladen, Cafés, Restaurants und Marktstände. Aber am Samstagnachmittag ist nur noch ein Marktstand da. Die Marktfrau verkauft Obst.

Und da ist Timo Daume aus Berlin. Timo ist 12 Jahre alt. Er lernt fotografieren. Wen fotografiert er? Er fotografiert die Menschen in Freiburg: Männer, Frauen und Kinder. Er fotografiert auch das Münster-Café: Eine Kellnerin bringt einen Kaffee. Eine Frau isst ein Sandwich; sie beobachtet den Platz. Ein Mann trinkt ein Bier und liest ein Buch.

Und was fotografiert Timo noch? Natürlich das Münster und den Münsterturm.
Dann fotografiert er einen Mann und eine Frau – ach so, das sind Herr und Frau Daume, die Eltern von Timo. Frau Daume kauft noch Souvenirs, einen Stadtplan und die Zeitung.
Timo ist zufrieden. Jetzt kann er endlich ein Eis essen!

b) Was glauben Sie: Was ist richtig?

Familie Daume
☐ wohnt in Freiburg   ☐ arbeitet in Freiburg   ☐ macht in Freiburg Urlaub

2 Was machen die Leute in Freiburg?
Schreiben

| fotografieren | kaufen | trinken |
| essen | beobachten |

den Münsterplatz   ein Souvenir
ein Sandwich   einen Stadtplan
einen Kaffee   den Münsterturm
ein Eis   die Menschen

den Münsterplatz beobachten,

4 achtundvierzig
48

3 Subjekt, Verb, Objekt

*Hören · Sprechen · **Lesen** · Schreiben*

Suchen Sie im Text.

Subjekt	Verb	Objekt
1. Es	gibt	_einen Souvenirladen_.
2. _____	verkauft	Obst.
3. Timo	_____	die Menschen in Freiburg.
4. _____	fotografiert	das Münster-Café.
5. Eine Kellnerin	bringt	_____.
6. _____	isst	ein Sandwich.
7. _____	liest	ein Buch.
8. Timo	fotografiert	_____ und eine Frau.

4 Schreiben und verstehen: Subjekt und Objekt

*Hören · Sprechen · Lesen · **Schreiben***

	Subjekt: Nominativ	Verb	Objekt: Akkusativ	Artikel
m	Es	gibt	_einen_ Souvenirladen.	unbestimmt
f	Timo	fotografiert	_eine_ Frau.	
n	Er	isst	_____ Eis.	
Pl	Es	gibt	hier _____ Restaurants.	
m	Die Frau	beobachtet	_den_ Platz.	bestimmt
f	Frau Daume	kauft	_____ Zeitung.	
n	Timo	fotografiert	_____ Münster-Café.	
Pl	Er	fotografiert	auch _____ Menschen in Freiburg.	

5 In Freiburg

*Hören · **Sprechen** · Lesen · Schreiben*

eine Universität   ein Fußballplatz   Kaufhäuser   Cafés
~~der Münsterplatz~~   ein Souvenirladen   ein Bahnhof   das Münster

a) Was gibt es in Freiburg?

▶ Es gibt den Münsterplatz, …

b) Was machen Sie in Freiburg?

> Ich kaufe einen Stadtplan.

> Ich beobachte den Münsterplatz.

neunundvierzig
49

6 Hören und sprechen: der Satzakzent

a) Hören Sie den Dialog.

Timo: Papa, wo ist Mama?
Herr Daume: Sie kauft etwas.
Timo: Was kauft sie denn?
Herr Daume: Einen Stadtplan.
Timo: Papa, ich möchte ein Sandwich essen!
Herr Daume: Nein, ein Sandwich gibt es jetzt nicht.
Timo: Papa, fotografierst du die Kinder da?
Herr Daume: Nein.
Timo: Wen fotografierst du denn?
Herr Daume: Die Marktfrau natürlich.
Timo: Au ja, und dann fotografiere ich den Marktstand. Bitte Papa!
Herr Daume: Na gut ...

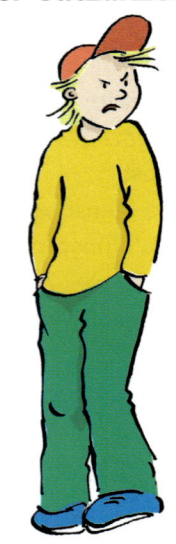

b) Hören Sie noch einmal die Sätze in a): Was ist wichtig? Lesen Sie laut und betonen Sie genau.

7 Wen oder was?

Bitte ergänzen Sie.

1. einen Stadtplan kaufen → _was?_
2. die Marktfrau fotografieren → _wen?_
3. den Marktstand fotografieren → _____
4. ein Sandwich essen → _____
5. den Platz beobachten → _____
6. Menschen beobachten → _____
7. einen Kaffee bringen → _____
8. die Zeitung lesen → _____

8 Schreiben und verstehen: wen oder was?

| Person | Wen | fotografiert Marlene? – Die Menschen in Freiburg. |
| keine Person | | fotografiert Timo? – Das Münster und den Münsterturm. |

9 Sie verstehen nicht gut

1. Herr und Frau Daume kaufen Souvenirs. – _Was_ kaufen sie? – Souvenirs!
2. Frau Daume beobachtet Timo. – _____ beobachtet sie? – Timo!
3. Die Kellnerin bringt einen Tee. – _____ bringt die Kellnerin? – Einen Tee!
4. Herr Daume liest die Zeitung. – _____ liest Herr Daume? – Die Zeitung!
5. Timo möchte ein Sandwich essen. – _____ möchte er essen? – Ein Sandwich!
6. Herr Daume fotografiert Frau Daume und Timo. – _____ fotografiert er? – Frau Daume und Timo!

fünfzig
50

Eine Freiburgerin

1 Katrin Berger, Studentin und Kellnerin ▶ 45

Hören | Sprechen | Lesen | Schreiben

Hören Sie: richtig (r) oder falsch (f)?

In Freiburg gibt es eine Universität und viele Studentinnen und Studenten. Zum Beispiel Katrin Berger. Katrin hat nicht viel Geld, deshalb arbeitet sie am Wochenende manchmal im Münster-Café. Was sagt Katrin?

1. Ich habe keine Wohnung. _____ r **f**
2. Ich habe keinen Fernseher. _____ r f
3. Ich habe einen Computer und ein Telefon. _____ r f
4. Ich brauche einen Computer. _____ r f
5. Ich lese keine Bücher. _____ r f
6. Ich brauche kein Auto, ich fahre Fahrrad. _____ r f

2 Schreiben und verstehen: *kein*

Hören | Sprechen | Lesen | *Schreiben*

	Subjekt: Nominativ	Verb	Objekt: Akkusativ		Artikel
m	Ich	habe	*keinen*	Fernseher.	
f	Ich	habe		Wohnung.	negativ
n	Ich	brauche		Auto.	
Pl	Ich	lese		Bücher.	

3 Und Sie? Was haben Sie? Was brauchen Sie? Was möchten Sie haben?

Hören | *Sprechen* | Lesen | Schreiben

Sprechen Sie im Kurs.

| das Wörterbuch | der Hund | das Auto | Probleme |
| der Urlaub | die Ehefrau | Kinder | Zeit |

— Hast du ein Auto?

— Nein, ich brauche kein Auto.

— Möchten Sie einen Hund haben?

einundfünfzig
51

Das Münster-Café

1 Hören | Sprechen | Lesen | **Schreiben**
Bild und Wort

Bitte ordnen Sie zu.

- [5] der Käse
- [ ] die Wurst
- [ ] der Apfelsaft
- [ ] das Mineralwasser
- [ ] der Kuchen
- [ ] das Sandwich
- [ ] die Tasse Kaffee, die Milch, der Zucker

2 **Hören** | Sprechen | Lesen | Schreiben ▶▶ 46
Frau Egli, Herr Egli, die Kellnerin: eine Bestellung

Wer spricht? Bitte hören Sie und schreiben Sie die Namen.

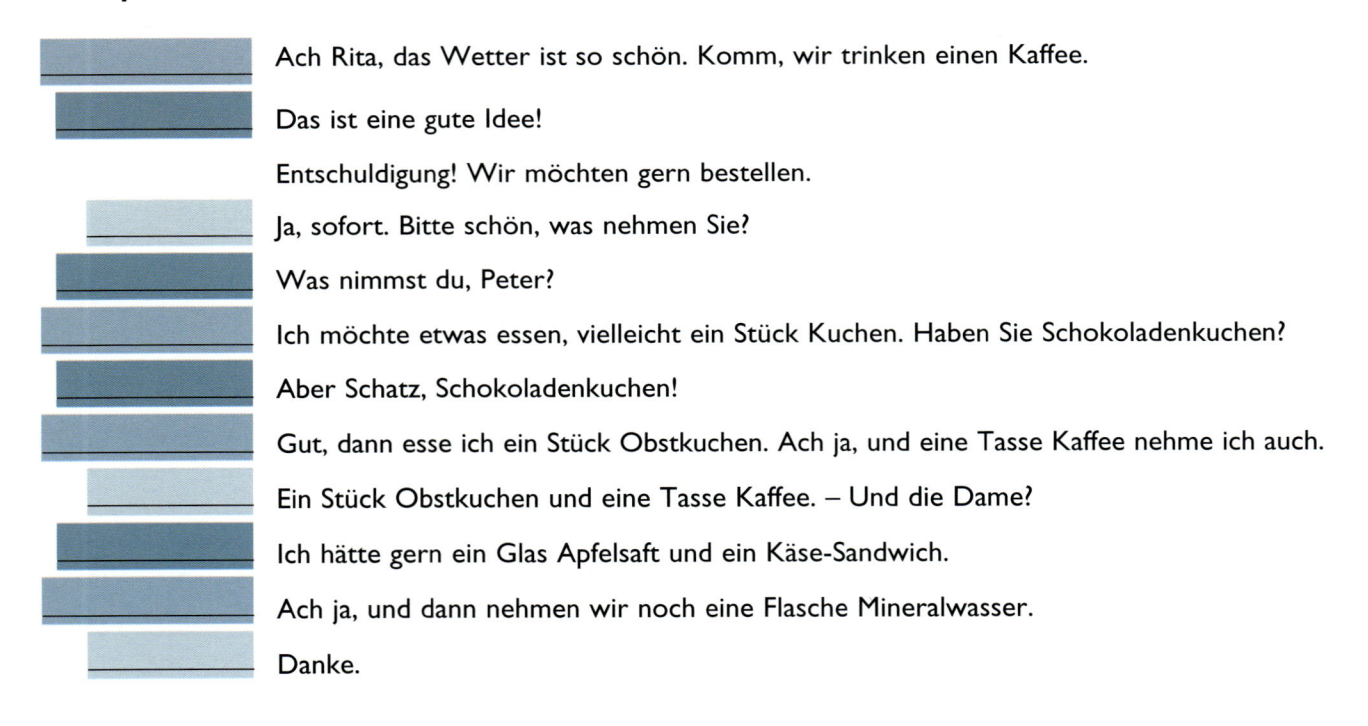

_____ Ach Rita, das Wetter ist so schön. Komm, wir trinken einen Kaffee.

_____ Das ist eine gute Idee!

_____ Entschuldigung! Wir möchten gern bestellen.

_____ Ja, sofort. Bitte schön, was nehmen Sie?

_____ Was nimmst du, Peter?

_____ Ich möchte etwas essen, vielleicht ein Stück Kuchen. Haben Sie Schokoladenkuchen?

_____ Aber Schatz, Schokoladenkuchen!

_____ Gut, dann esse ich ein Stück Obstkuchen. Ach ja, und eine Tasse Kaffee nehme ich auch.

_____ Ein Stück Obstkuchen und eine Tasse Kaffee. – Und die Dame?

_____ Ich hätte gern ein Glas Apfelsaft und ein Käse-Sandwich.

_____ Ach ja, und dann nehmen wir noch eine Flasche Mineralwasser.

_____ Danke.

3 Hören | Sprechen | **Lesen** | Schreiben
Sie möchten bestellen. Was können Sie sagen?

Suchen Sie bitte im Text.

Wir möchten gern bestellen. Ich … _____

_____

4 zweiundfünfzig
52

4 Schreiben und verstehen: Verben mit Vokalwechsel

	nehmen	essen
ich		
du		isst
er • sie • es	nimmt	isst
wir		essen
ihr	nehmt	esst
sie • Sie		essen

5 Herr Egli bezahlt 47–48

a) Was hören Sie?

☐ Euro fünfzehn zwanzig   ☐ fünfzehn Euro zwanzig   ☐ fünfzehn zwanzig Euro

b) Hören Sie den Dialog. Nummerieren Sie die Sätze.

☐ Das macht ... Moment ... 15,20 €.
☐ Ja, natürlich. Zusammen oder getrennt?
☐ Vielen Dank, und 4 € zurück. Auf Wiedersehen.
☐ Hier sind 20 €, machen Sie 16.
[1] Können wir bitte bezahlen?
☐ Zusammen bitte.

6 Im Café

Bitte machen Sie Dialoge im Kurs.

Speisekarte

Getränke
Tasse Kaffee 2,30
Tasse Tee 2,30
Apfelsaft 2,90
Mineralwasser 2,80
Bier 2,60
Glas Wein 4,00
Flasche Wein 12,00

Speisen
Portion Eis 3,90
Stück Kuchen 3,10
Sandwich
(Käse oder Wurst) 4,10

dreiundfünfzig
53

Am Samstag arbeiten?

1 Hören | Sprechen | **Lesen** | Schreiben
Wer muss am Samstag arbeiten?

Richtig r oder falsch f ?

1. Die Marktfrau in Freiburg verkauft Obst: Sie muss nicht arbeiten. _____ r ❌
2. Die Kellnerin im Münster-Café bringt einen Kaffee: Sie muss arbeiten. _____ r f
3. Frau Egli geht ins Café: Sie muss arbeiten. _____ r f
4. Herr und Frau Daume haben Urlaub: Sie müssen nicht arbeiten. _____ r f
5. Marlene Steinmann fotografiert: Sie muss arbeiten. _____ r f

2 Hören | Sprechen | Lesen | **Schreiben**
Frau Egli muss nicht arbeiten, aber einkaufen

a) Das muss Frau Egli einkaufen:

> die Marmelade   der Honig   der Salat
> die Zeitung   die Butter   die Eier (Pl.)
> das Brot   der Orangensaft   die Milch

b) Was kann Frau Egli hier einkaufen?

der Supermarkt	der Schreibwarenladen	die Bäckerei
Marmelade, _____	_____	_____
_____	_____	_____
_____	_____	_____

c) Bitte sprechen Sie.

der Supermarkt	der Schreibwarenladen	die Bäckerei
▶ Hier kann sie Marmelade kaufen.	▶ Hier …	▶ Hier …

4 vierundfünfzig
54

3 Wer kann was? Wer kann was nicht?

Ergänzen Sie.

1. Marlene Steinmann ist Fotografin von Beruf. Sie _kann_ sehr gut fotografieren. Timo _kann_ _nicht_ gut fotografieren.
2. Hunde _können_ _nicht_ Fahrrad fahren. Aber Katrin Berger _____ Fahrrad fahren.
3. Herr Daume _____ Tennis spielen. Frau Daume _____ _____ Tennis spielen.
4. Tanja, Torsten und Tobias Troll _____ gut singen. Katzen _____ _____ gut singen.
5. Herr Mainka ist Busfahrer von Beruf. Er _____ auch sehr gut Auto fahren.
6. Sein Sohn und seine Tochter _____ noch _____ Auto fahren.

4 Schreiben und verstehen: *müssen, können*

	müssen	können
ich	muss	kann
du	musst	kannst
er • sie • es		
wir	müssen	können
ihr	müsst	könnt
sie • Sie		

5 *müssen* und *können*

a) Bilden Sie Sätze.

die Fotografin der Journalist die Studentin Kinder	muss müssen kann können	nicht viel nicht viel gut nicht gut	schreiben Auto fahren lesen in die Schule gehen Fahrrad fahren arbeiten Sport machen reisen

▶ Die Studentin muss viel arbeiten.
◁ …

b) Was können Sie? Was können Sie nicht? Was müssen Sie? Bitte sprechen Sie im Kurs.

(Ich kann ein bisschen Deutsch sprechen.)

(Ich kann nicht Auto fahren.)

(Ich muss Deutsch lernen.)

fünfundfünfzig
55

Im Deutschkurs

1 | Hören | Sprechen | **Lesen** | Schreiben |

Pablo lernt Deutsch

Pablo hat viele Fragen. Können Sie antworten?

1. „Computer": Wie heißt das auf Deutsch?
2. Wie spricht man das aus: 18,95 €?
3. „Journalist": Wie buchstabiert man das?
4. „Wörterbuch": Wie schreibt man das, groß oder klein?
5. Schreibt man alle Nomen groß?
6. Sagt man auf Deutsch auch „Souvenir"?

(Lösungen, auf dem Kopf gedruckt:)
1. Das heißt Computer oder Rechner.
2. Man spricht: achtzehn Euro fünfundneunzig.
3. J-o-u-r-n-a-l-i-s-t.
4. Wörterbuch schreibt man groß.
5. Man schreibt alle Nomen groß.
6. Man kann auch Andenken sagen.

2 | Hören | Sprechen | Lesen | **Schreiben** |

Schreiben und verstehen: *man*

	schreiben	buchstabieren	sagen
er • sie • es	schreib **t**	buchstabier ___	sag ___
man			

3 | Hören | Sprechen | Lesen | **Schreiben** |

***er, sie, es* oder *man*?**

Ergänzen Sie.

1. Ein Schreibwarenladen. Kann *man* hier Wörterhefte kaufen?
2. Braucht _____ im Deutschkurs ein Wörterbuch?
3. Pablo lernt Deutsch. _____ braucht ein Wörterbuch.
4. Das Kind ist sechs Jahre alt. _____ geht schon in die Schule.
5. Wie sagt _____ „Souvenir" auf Deutsch?
6. Katrin hat keinen Fernseher, aber _____ möchte einen Fernseher kaufen.

Keine Panik
Deutsch kann man lernen!

Grammatik

1 Der Akkusativ → S. 145, 150, 132

Der Artikel

	m	f	n	Pl
bestimmt	den Stadtplan	die Zeitung	das Eis	die Eltern
unbestimmt	einen Stadtplan	eine Zeitung	ein Eis	– Eltern
negativ	keinen Stadtplan	keine Zeitung	kein Eis	keine Eltern

Wen? Was?

| **Person** | Wen fotografiert Marlene? – Die Menschen in Freiburg. |
| **keine Person** | Was fotografiert Timo? – Das Münster und den Münsterturm. |

Das Akkusativ-Objekt

Subjekt	Verb	Objekt	Objekt	Verb	Subjekt
Timo	fotografiert	das Münster.	Den Münsterplatz	fotografiert	er auch.
Frau Daume	kauft	die Zeitung.	Einen Stadtplan	kauft	sie auch.
Die Marktfrau	verkauft	Obst.	Eis	verkauft	sie nicht.

Achtung: Akkusativ-Objekt auf Position 1 → besondere Betonung

2 Das Präsens → S. 138, 143

	Verben mit Vokalwechsel				*Modalverben*	
	nehmen	**essen**	**lesen**		**müssen**	**können**
ich	nehme	esse	lese		muss	kann
du	nimmst	isst	liest		musst	kannst
er • sie • es	nimmt	isst	liest		muss	kann
wir	nehmen	essen	lesen		müssen	können
ihr	nehmt	esst	lest		müsst	könnt
sie • Sie	nehmen	essen	lesen		müssen	können
man	nimmt	isst	liest		muss	kann

3 Die Satzklammer: die Modalverben → S. 136

	Verb (Modalverb)	Satzmitte	Satzende (Infinitiv)
Die Kellnerin	muss	am Samstag	arbeiten.
Wo	kann	Frau Egli	einkaufen?
	Müssen	Herr und Frau Daume	arbeiten?

Satzklammer

Lektion 5 Leute in Hamburg

1 Hören | Sprechen | Lesen | **Schreiben**
Leute und ihre Berufe

Bitte ordnen Sie zu: Bild und Beruf.

- Koch
- Arzt
- Deutschlehrerin
- Verkäuferin
- Rentnerin
- ~~Journalist~~

1. Martin Miller: *Journalist*

2. Andrea Solling-Raptis: _____

3. Kostas Raptis: _____

achtundfünfzig
58

2 Beruferaten

Hören | Sprechen | Lesen | Schreiben 49–52

Wer ist was von Beruf? Bitte hören Sie.

| Krankenschwester | Taxifahrer | Arzt | Köchin | Kellnerin |
| Hausfrau | Busfahrer | | Verkäuferin | |

1. Er ist _____.   3. Er ist _____.
2. Sie ist _____. 4. Sie ist _____.

3 Wie heißen die Berufe?

Hören | Sprechen | Lesen | **Schreiben**

ein Mann	eine Frau
der Taxifahrer	die *Taxifahrerin*
der Lehrer	die _____
der _____	die Verkäufer**in**
der Fotograf	die _____
der _____	die Journalist**in**
der Arzt	die Ärzt**in**
der Koch	die _____

4 Was machen die Leute? Was sind sie von Beruf?

Hören | Sprechen | Lesen | **Schreiben**

1. Martin Miller schreibt für eine Zeitung. Er ist *Journalist*.
2. Erna König arbeitet nicht mehr. Sie ist _____.
3. Marlene Steinmann fotografiert Menschen und Städte. Sie ist _____.
4. Herr Mainka hat einen Bus, er fährt Touristen nach Österreich. Er ist _____.
5. Irene Mainka ist von Beruf Krankenschwester, sie arbeitet jetzt aber nicht.
   Im Moment ist sie _____.
6. Katrin Berger arbeitet im Café. Sie bringt Kaffee und Kuchen. Sie ist _____.

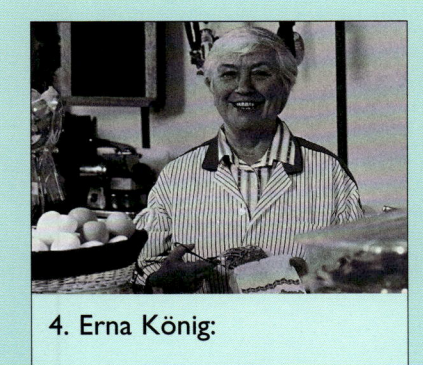

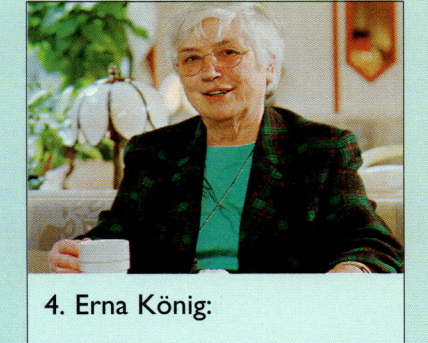

4. Erna König: _____

4. Erna König: _____

5. Clemens Opong: _____

neunundfünfzig 59

5

Ein Stadtspaziergang

1 Martin Miller besichtigt Hamburg

Heute ist Martin Miller in Hamburg. Er schreibt eine Stadt-Reportage für die Zeitung.

Hamburg ist groß! Zuerst geht er in die Touristen-Information. Er braucht einen Stadtplan und Prospekte. Danach geht er in ein Café. Dort liest er die Prospekte und schaut auf den Stadtplan. Wohin kann er gehen? Was ist hier interessant?

Die Kirche St. Michaelis – „der Michel", sagen die Hamburger. Martin steigt auf den Kirchturm und schaut auf die Stadt: auf den Hafen und die Elbe, auf Häuser, auf Straßen ...

Dann besichtigt er den Hafen und die Schiffe und geht noch auf den „Fischmarkt".

Jetzt hat er Hunger, deshalb geht er in ein Restaurant. Dort gibt es Aalsuppe, eine Hamburger Spezialität. Mmmh, die schmeckt gut!

Danach nimmt Martin die S-Bahn und fährt ins Zentrum, in die Fußgängerzone. Viele Läden sind sehr elegant und auch sehr teuer. Er geht in einen Schreibwarenladen und kauft Postkarten.

Und jetzt? Geht er noch in ein Museum? Nein, er ist sehr müde. Er nimmt ein Taxi und fährt ins Hotel.

2 Was kann man besichtigen?

Bitte markieren Sie.

- [X] ein Museum
- [ ] ein Café
- [ ] den Hafen
- [ ] einen Schreibwarenladen
- [ ] eine Kirche
- [ ] ein Restaurant

3 Was macht Martin Miller?

Richtig r oder falsch f?

1. Martin Miller kommt aus Hamburg. _____ r ✗
2. Er geht in die Touristen-Information. _____ r f
3. Er steigt auf den „Michel". _____ r f
4. Dann fährt er ins Zentrum. _____ r f
5. Er geht in ein Museum. _____ r f
6. Danach geht er zu Fuß ins Hotel. _____ r f

4 Wohin geht Martin Miller?

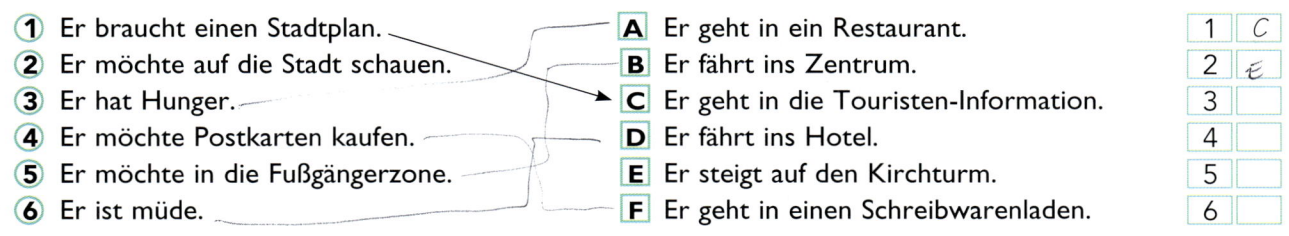

① Er braucht einen Stadtplan. — A Er geht in ein Restaurant.
② Er möchte auf die Stadt schauen. — B Er fährt ins Zentrum.
③ Er hat Hunger. — C Er geht in die Touristen-Information.
④ Er möchte Postkarten kaufen. — D Er fährt ins Hotel.
⑤ Er möchte in die Fußgängerzone. — E Er steigt auf den Kirchturm.
⑥ Er ist müde. — F Er geht in einen Schreibwarenladen.

1	C
2	E
3	
4	
5	
6	

5 auf oder in? Was passt?

auf — ein Café — fahren
ins — den Kirchturm — schauen
auf — die Touristen-Information — steigen
in — den Stadtplan — gehen
auf — Zentrum — schauen
in — Häuser — gehen

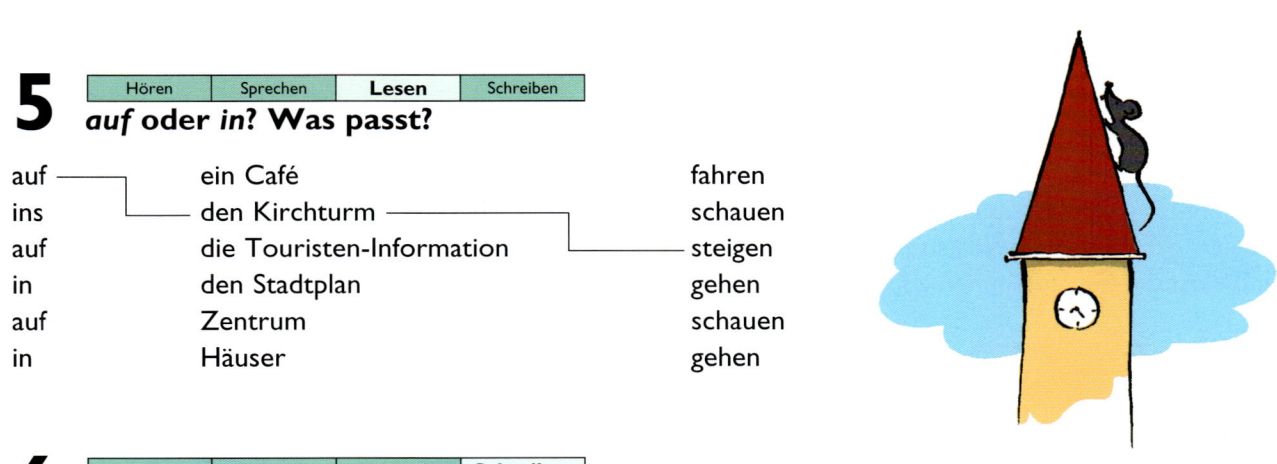

6 Schreiben und verstehen: die Präpositionen auf, in + Akkusativ

m	der Kirchturm	auf	den	Kirchturm steigen	
f	die Fußgängerzone	in		Fußgängerzone gehen	Artikel: bestimmt
n	das Hotel	in		(= ins) Hotel fahren	
Pl	die Straßen	auf	die	Straßen schauen	

m	ein Kirchturm	auf	einen	Kirchturm steigen	
f	eine Fußgängerzone	in	eine	Fußgängerzone gehen	Artikel: unbestimmt
n	ein Hotel	in		Hotel fahren	
Pl	Straßen	auf		Straßen schauen	

7 Und wohin gehen Sie?

1. Sie möchten einen Kaffee trinken.
2. Sie brauchen einen Stadtplan.
3. Sie möchten auf die Stadt schauen.
4. Sie möchten Deutsch lernen.
5. Sie möchten einen Fußball kaufen.
6. Sie brauchen Obst und Gemüse.

Ich gehe in ein Café.

Der Tag von Familie Raptis

1 Andrea Solling-Raptis, Deutschlehrerin

*Hören | Sprechen | **Lesen** | Schreiben*

a) Wie organisiert Andrea ihren Tag?

Morgens trinke ich zuerst meinen Kaffee. Ohne Kaffee geht nichts. Dann wecke ich meinen Mann Kostas und die Kinder und mache unser Frühstück. Wir frühstücken, danach fährt Kostas ins Krankenhaus. Er ist Arzt. Ich bringe Lena und Jakob in den Kindergarten. Dort treffen sie ihre Freunde. Jetzt bereite ich meinen Unterricht vor und mache den Haushalt. Mittags essen Lena, Jakob und ich zusammen zu Mittag. Mein Mann kommt erst abends zurück. Sein Beruf ist sehr anstrengend. Nachmittags habe ich Zeit für unsere Kinder. Wir spielen, wir gehen spazieren oder besuchen Nachbarn. Abends gehe ich in die Volkshochschule und unterrichte Deutsch. Da ist mein Mann zu Hause. Die Kinder und Kostas essen zusammen zu Abend, dann bringt er die Kinder ins Bett.

b) Tageszeit und Mahlzeit: Bitte suchen Sie die Wörter im Text.

Tageszeit	Mahlzeit
6 –12 Uhr: _morgens_	das Frühstück: ____
12 –14 Uhr: ____	das Mittagessen: _zu Mittag essen_
14 –18 Uhr: ____	
18 – 24 Uhr: ____	das Abendessen: ____
0 – 6 Uhr: _nachts_	

2 Wer macht was?

*Hören | Sprechen | Lesen | **Schreiben***

~~meinen Mann wecken~~ / ihre Freunde treffen / den Haushalt machen / die Kinder ins Bett bringen / meinen Unterricht planen / in den Kindergarten gehen / ins Krankenhaus fahren

Andrea: _meinen Mann wecken_   Lena und Jakob: ____   Kostas: ____

3 Schreiben und verstehen: der Possessivartikel (Akkusativ)

*Hören | Sprechen | Lesen | **Schreiben***

	m	f	n	Pl
Nominativ	mein Mann	meine Familie	mein Frühstück	meine Kinder
Akkusativ	____ Mann	_meine_ Familie	_mein_ Frühstück	_meine_ Kinder

5 zweiundsechzig
62

4 Was passt?

1. Morgens trinkt Andrea zuerst _ihren_ Kaffee.
2. Dann weckt sie _ihren_ Mann und _sein/ihre_ Kinder.
3. Jakob geht in den Kindergarten. Dort trifft er _seinem_ Freunde.
4. Jetzt kann Andrea _ihren_ Deutschunterricht planen.
5. Nachmittags besuchen Andrea, Lena und Jakob _ihre_ Nachbarn.
6. Abends bringt Kostas _seine/ihre_ Kinder ins Bett.

5 Wer? Was? Wann?

a) Wer macht was?

1. Lena und Jakob: „Mama macht unser Frühstück. Wir …"
2. Kostas: „Morgens frühstücken wir zusammen. Dann fahre ich …"

b) Und Sie?

Morgens trinke ich keinen Kaffee, ich trinke Tee. Ich …

6 Und jetzt erzählt Kostas

Hören Sie und kreuzen Sie an (X).

1. Er kommt aus
   - ☐ Deutschland.
   - ☐ Griechenland.
   - ☐ Russland.

2. Er arbeitet
   - ☐ am Montag und am Freitag.
   - ☐ von Montag bis Freitag.
   - ☐ von Montag bis Freitag und manchmal auch am Wochenende.

3. Er findet seine Arbeit
   - ☐ anstrengend.
   - ☐ nicht interessant.
   - ☐ neu.

4. Am Wochenende hat er
   - ☐ immer
   - ☐ nie
   - ☐ oft

   Zeit für seine Familie.

7 Hören und sprechen: ei – ie

a) Familie Raptis

1. Die Kinder sind klein. Sie spielen.
2. Andrea und die Kinder spielen.
3. Sie gehen spazieren.
4. Kostas hat keine Zeit. Seine Arbeit ist nicht leicht.
5. Seine Frau arbeitet auch viel.

b) Herr Stein

▶ Wie heißen Sie?
◁ Dieter Stein.
▶ Sind Sie verheiratet?
◁ Nein, nein, ich habe keine Frau, ich bin allein.
▶ Arbeiten Sie in Leipzig?
◁ Nein, nein, in Wein – äh in Wien.

dreiundsechzig

Früher und heute

1 Hören | Sprechen | **Lesen** | Schreiben ▶▶ 56
Erna König, Rentnerin, erzählt

a) *Hören Sie das Gespräch und lesen Sie dann zu zweit.*

Martin Miller	Waren Sie schon einmal hier?
Erna König	Ja, schon oft. Nachmittags trinke ich hier gern Tee. Sind Sie nicht aus Hamburg?
Martin Miller	Nein, ich komme aus Australien. Ich bin Journalist.
Erna König	Oh, dann haben Sie wohl viel Arbeit?
Martin Miller	Ja, ja, ich habe nicht viel Zeit.
Erna König	Ach ja, ich bin Rentnerin, aber ich habe auch nicht viel Zeit. Ich bin sehr aktiv.
Martin Miller	Was waren Sie von Beruf?
Erna König	Ich war Verkäuferin. Meine Eltern hatten ein Lebensmittelgeschäft, hier in Hamburg. Das Geschäft war klein, aber ich hatte viel Arbeit. Heute sind die Supermärkte ja oft so groß!
Martin Miller	Ist das nicht gut?
Erna König	Doch, aber früher gab es dort immer Zeit für Gespräche, Kunden und Verkäuferinnen hatten Kontakt. Das war schön.
Martin Miller	War denn früher alles gut, Frau König?
Erna König	Nein, natürlich nicht. Aber man hatte mehr Zeit. Na ja, heute ist es auch gut. Ich gehe schwimmen, ich treffe Freundinnen … Gestern waren wir im Kino. Woher kommen Sie denn?
Martin Miller	Aus Sydney.
Erna König	Ach ja? Erzählen Sie doch mal, wie ist Sydney denn?

b) *Früher oder heute? Bitte ergänzen Sie.*

Frau König war Verkäuferin. → *früher*
Frau König ist Rentnerin. → _____
Frau König hat nicht viel Zeit. → _____

Die Geschäfte waren klein. → _____
Es gab Gespräche und Kontakt. → _____
Die Supermärkte sind groß. → _____

2 Hören | Sprechen | Lesen | **Schreiben**
Schreiben und verstehen: das Präteritum

	sein	haben	es gibt
ich	war	hatte	
du	warst	hattest	
er • sie • es	war	hatte	es gab
wir	waren	hatten	
ihr	wart	hattet	
sie • Sie	waren	hatten	

5 vierundsechzig
64

3 haben – sein – es gibt: Frau König erzählt

Bitte ergänzen Sie.

Früher _war_ ich Verkäuferin. Meine Eltern _____ ein Lebensmittelgeschäft hier in Hamburg. Da _____ es viel Arbeit. Aber ich _____ auch viel Kontakt und es _____ immer Zeit für Gespräche. Heute _____ ich Rentnerin. Aber ich _____ nicht viel Zeit, ich _____ sehr aktiv. Gestern _____ meine Freundinnen und ich in Bremen, heute gehen wir ins Kino und bald _____ wir in Italien und machen Urlaub. Tja, früher _____ man kein Geld, heute _____ man keine Zeit!

4 Was hatten Sie früher?

| ein Auto | Zeit | ein Deutschbuch | Freunde in Deutschland |
| ein Haustier | | ein Radio | einen Computer |

Früher hatte ich kein Auto.

5 Ja, nein oder doch?

Bitte suchen Sie im Dialog.

		Antwort +	Antwort –
Frage +	Waren Sie schon einmal hier?	_Ja_, schon oft.	
	War denn früher alles gut, Frau König?		_____, natürlich nicht. Aber man hatte mehr Zeit.
Frage –	Sind Sie nicht aus Deutschland?		_____, ich komme aus Australien.
	Ist das nicht gut?	_____, aber früher gab es dort immer Zeit für Gespräche.	

6 Antworten Sie: *ja, nein oder doch?*

1. Lernen Sie Deutsch?
2. Verstehst du kein Deutsch?
3. Möchten Sie Deutsch sprechen?
4. Haben wir heute Deutschkurs?
5. Hast du kein Wörterbuch?
6. Machen Sie nicht mit?

Ja, ich lerne Deutsch.

fünfundsechzig
65

Eine Spezialität aus Hamburg

1 | Hören | Sprechen | Lesen | **Schreiben** |
Lebensmittel oder nicht?

das Trockenobst — *die Fleischbrühe* — *die Kräuter* — *das Öl* — *der Topf* — *der Aal* — *die Karotte* — *der Essig* — *der Pfeffer* — *der Lauch* — *die Gabel* — *der Teller* — *das Messer* — *das Salz*

a) Was fehlt?

☐ das Messer   ☐ die Gabel   ☐ der Löffel

b) Ordnen Sie.

Lebensmittel	keine Lebensmittel
die Fleischbrühe,	der Topf,

5 sechsundsechzig
66

2 Ein Tipp von Clemens Opong

*Hören | Sprechen | **Lesen** | Schreiben*

a) Lesen Sie bitte.

Zuerst wasche ich den Aal und schneide ihn klein. Dann lege ich ihn ins Wasser und koche ihn. Ich nehme noch einen Topf und koche eine Brühe. Ich schneide die Kräuter und gebe sie in die Brühe. Dazu kommt noch ein bisschen Essig.
Und jetzt das Gemüse: Zuerst wasche ich es, dann schäle ich die Karotte und schneide sie klein. Den Lauch schneide ich auch klein. Ich lege das Trockenobst 30 Minuten ins Wasser. Dann gebe ich das Trockenobst und das Gemüse in die Suppe und koche alles zusammen. Salz und Pfeffer nicht vergessen!
Zum Schluss kommt der Aal in die Suppe. Noch einmal alles zusammen kochen.

b) Was kocht Clemens Opong?   Er kocht   ☐ Gemüsesuppe   ☐ Aalsuppe   ☐ Kartoffelsuppe

3 Zutaten und Zubereitung

*Hören | Sprechen | Lesen | **Schreiben***

Was passt zusammen?

den Fisch	waschen
die Kartoffeln	klein schneiden
das Gemüse	schälen salzen
das Fleisch	pfeffern
das Obst	braten kochen

den Fisch: *waschen, salzen,* _____

die Kartoffeln: _____

4 Schreiben und verstehen: das Pronomen (Akkusativ)

*Hören | Sprechen | Lesen | **Schreiben***

m	der Aal	Ich koche den Aal.	Ich koche *ihn* .
f	die Karotte	Ich schneide die Karotte.	Ich schneide ____ .
n	das Gemüse	Ich wasche das Gemüse.	Ich wasche ____ .
Pl	die Kräuter	Ich gebe die Kräuter in die Suppe.	Ich gebe ____ in die Suppe.

5 Kochen Sie auch?

*Hören | **Sprechen** | Lesen | Schreiben*

der Fisch   die Kräuter   die Suppe   die Bananen   das Fleisch
der Lauch   die Kartoffeln   die Tomaten

«Ich wasche den Fisch, ich salze ihn und brate ihn.»

siebenundsechzig 67

Jetzt kennen Sie Leute in Hamburg!

1 | Hören | Sprechen | **Lesen** | Schreiben
für und *ohne*

① Für wen macht Andrea das Frühstück?
② Wofür braucht Clemens den Aal?
③ Ohne wen geht Frau König nicht ins Kino?
④ Ohne was kann Andrea nicht arbeiten?

A Ohne ihre Freundinnen.
B Für die Aalsuppe.
C Ohne ihren Kaffee.
D Für ihren Mann und ihre Kinder.

1 D
2
3
4

2 | Hören | Sprechen | Lesen | **Schreiben**
Schreiben und verstehen: die Präpositionen *für*, *ohne* + Akkusativ

	W-Frage		
Person	Für wen arbeiten Andrea und Kostas? – Für ihre Kinder.	Ohne _____ macht Frau König keinen Urlaub? – Ohne ihre Freundinnen.
keine Person	_____ brauchen Andrea und Kostas Geld? – Für ihr Haus.	Ohne _____ kann Andrea nicht arbeiten? – Ohne ihren Kaffee.

3 | Hören | Sprechen | **Lesen** | Schreiben
Familienidylle

Kostas — Du bist die Idealfrau für mich.
Andrea — Ohne dich ist das Leben nicht schön. Du verstehst mich.
Kostas — Ein Abend nur für uns ist schön, aber immer ohne unsere Kinder – das ist nichts für mich.
Andrea — Für mich auch nicht. Unsere Kinder sind ein großes Glück für uns zwei!
Kostas — Ja, ohne dich und die Kinder, ohne euch drei, möchte ich nicht sein.

4 | Hören | Sprechen | Lesen | **Schreiben**
Schreiben und verstehen: das Pronomen (Akkusativ)

Nominativ	ich	du	wir	ihr
Akkusativ	mich			

5 | Hören | **Sprechen** | Lesen | Schreiben
Und Sie?

a) Wofür arbeiten Sie? Wofür brauchen Sie Geld? Oder für wen?
b) Ohne was können oder wollen Sie nicht sein? Oder ohne wen?

Ich brauche Geld für meinen Urlaub.

Ohne Arbeit kann ich nicht leben.

Haus   Freunde   Auto
Schule   Computer
Familie   Schokolade   Schule
Wörterbuch   Urlaub   Arbeit

achtundsechzig
68

Grammatik

1 Präpositionen → S. 151

auf, in

m	f	n	Pl
auf den Turm	auf die Straße	auf das Schiff	auf die Türme
auf einen Turm	auf eine Straße	auf ein Schiff	auf Türme
in den Laden	in die Fußgängerzone	in das (ins) Café	in die Cafés
in einen Laden	in eine Fußgängerzone	in ein Café	in Cafés

Regel: Wohin? → *auf* und *in* mit Akkusativ.

für, ohne

			W-Frage
Kostas arbeitet viel für seine Familie.		Person:	Für wen arbeitet er?
Sie brauchen Geld für ihr Haus.		keine Person:	Wofür brauchen sie Geld?
Ohne dich ist das Leben nicht schön.		Person:	Ohne wen ist das Leben nicht schön?
Ohne meinen Kaffee geht nichts!		keine Person:	Ohne was geht nichts?

Regel: *für* und *ohne* immer mit Akkusativ.

2 Der Possessivartikel: Akkusativ → S. 148

	m	f	n	Pl
ich	meinen Beruf	meine Familie	mein Haus	meine Freunde
du	deinen Beruf	deine Familie	dein Haus	deine Freunde
er	seinen Beruf	seine Familie	sein Haus	seine Freunde
sie	ihren Beruf	ihre Familie	ihr Haus	ihre Freunde
es	seinen Beruf	seine Familie	sein Haus	seine Freunde
wir	unseren Beruf	unsere Familie	unser Haus	unsere Freunde
ihr	euren Beruf	eure Familie	euer Haus	eure Freunde
sie	ihren Beruf	ihre Familie	ihr Haus	ihre Freunde
Sie	Ihren Beruf	Ihre Familie	Ihr Haus	Ihre Freunde

3 Das Präteritum: *haben, sein, es gibt* → S. 142

	haben	sein	es gibt
ich	hatte	war	
du	hattest	warst	
er • sie • es	hatte	war	es gab
wir	hatten	waren	
ihr	hattet	wart	
sie • Sie	hatten	waren	

4 Das Pronomen: Akkusativ → S. 149

ich	du	er • sie • es	wir	ihr	sie • Sie
mich	dich	ihn sie es	uns	euch	sie Sie

neunundsechzig
69

Lektion 6 Ortstermin in Leipzig

Abi 90

Einladung

Klassentreffen

am Samstag, 15. Juli 2000, in Leipzig

Programm

von 15 bis 18 Uhr: Stadtspaziergang
Treffpunkt: Augustusplatz, Brunnen

16 Uhr: Kaffeepause
im Café Riquet

ab 19.30 Uhr: Feiern mit Essen,
Trinken und Musik
Ort: Gosenschenke „Ohne Bedenken"
(Menckestraße 5)

1 Das Klassentreffen

Hören | Sprechen | **Lesen** | Schreiben

Lesen Sie die Einladung zum Klassentreffen und antworten Sie.

1. Wie viele Jahre liegt das Abi (Abitur) zurück?
2. Wo findet das Klassentreffen statt?
3. Was macht die Klasse nachmittags, von 15 bis 18 Uhr?
4. Wie heißt der Treffpunkt?
5. Wann gibt es eine Kaffeepause?
6. Was machen die Leute abends?

A

B

Was unter den Blumen die Rose,
ist unter den Bieren die Gose!

C

Was ist Gose? Die Gose ist ein Bier, es schmeckt ein bisschen sauer. Die Gose ist schon ca. 1000 Jahre alt und kommt aus Goslar (Harz). Seit 1738 gibt es die Gose in Leipzig. Auch Goethe hat gern Gose getrunken.

D

2 Das Programm
Hören · Sprechen · **Lesen** · Schreiben

Bitte ordnen Sie zu: Programmpunkt und Bild. Ein Bild bleibt übrig.

1. Treffpunkt: Bild _____
2. Kaffeepause: Bild _____
3. Feier: Bild _____

3 Ein Telefongespräch: Wer? Was? Wann?
Hören · Sprechen · Lesen · Schreiben ▶▶ 1 (CD2)

Hören Sie und antworten Sie.

1. Wer telefoniert?
2. Was müssen Steffi, Jens und Kevin machen?
3. Wann haben alle Zeit?

einundsiebzig
71

Das Klassentreffen

1 Hören | Sprechen | **Lesen** | Schreiben
Die Einladung

a) Bitte lesen Sie den Brief.

Leipzig, im Mai

Liebe Leute,

Abi 90: Wisst ihr noch? Da haben wir Abitur gemacht. Wir haben damals gesagt:
„2000 machen wir ein Klassentreffen."

Jetzt ist es so weit: Zehn Jahre sind vorbei. Viele Mitschüler wohnen nicht mehr in Leipzig. Wir drei – Steffi, Jens und ich – sind immer noch hier. Wir haben Glück gehabt und haben hier eine Arbeit gefunden.

Gestern haben wir zusammen im Café gesessen. Wir haben unser Klassentreffen geplant. Es war wie früher: Jens hat drei Stück Apfelkuchen gegessen, Steffi hat wie immer viel Milchkaffee getrunken und ich meinen Tee. Es war lustig, wir hatten viele Ideen und haben viel gelacht.

In Leipzig hat es viele Veränderungen gegeben. Aber keine Angst: Es ist immer noch unser Leipzig. Hoffentlich könnt ihr alle kommen!

Herzliche Grüße
Steffi, Jens und Kevin

b) Richtig **r** oder falsch **f**? Bitte markieren Sie.

1. Steffi, Jens und Kevin arbeiten in Leipzig. _____ ☒ f
2. Sie planen ein Klassentreffen. _____ r f
3. Jens isst nicht gern Apfelkuchen. _____ r f
4. Steffi trinkt gern Milchkaffee. _____ r f
5. Kevin trinkt keinen Tee. _____ r f
6. In Leipzig ist alles wie früher. _____ r f

6 zweiundsiebzig
72

2 haben gemacht – machen

Finden Sie die passenden Infinitive.

Perfekt	Infinitiv
wir haben gemacht	machen
wir haben gesagt	
wir haben geplant	
wir haben gehabt	
wir haben gelacht	
es hat gegeben	
wir haben gefunden	
sie hat getrunken	
er hat gegessen	
wir haben gesessen	

essen   haben   finden
lachen   geben
~~machen~~   sagen   planen
trinken   sitzen

3 Schreiben und verstehen: das Perfekt (1)

Freitag, 12. Mai	Samstag, 13. Mai
Was *machen* die drei heute?	**Was *haben* die drei gestern *gemacht*?**
Steffi, Jens und Kevin sitzen im Café.	Sie haben im Café gesessen .
Sie planen das Klassentreffen.	Sie haben das Klassentreffen geplant .
Steffi trinkt Milchkaffee.	Sie hat Milchkaffee getrunken .
Jens isst Apfelkuchen.	Er hat Apfelkuchen gegessen .
Sie lachen viel.	Sie haben viel gelacht .

4 Was haben Sie gestern gemacht?

Sprechen Sie im Kurs.

gemacht   getrunken   geplant   gegessen
gelacht   gefunden   gesessen   gehabt

▶ Ich habe gestern Deutschunterricht gehabt.
◁ Ich habe gestern Sport gemacht.

dreiundsiebzig
73

Treffpunkt Augustusplatz

1 Vier Personen sind nicht gekommen. Was ist passiert?

a) Bild und Wort. Was passt?

| fliegen | gehen | krank werden | nach Erfurt fahren |

A   B   C   D

b) Hören Sie den Dialog und ordnen Sie die Namen zu.

1. Wer ist krank geworden? _____
2. Wer ist nach Erfurt gefahren? _____
3. Wer ist nach Spanien geflogen? _____
4. Wer ist ins Café gegangen? _____

Sascha   Kevin   Elisabeth   Tanja

2 Die Postkarte von Elisabeth

a) Bitte lesen Sie.

Erfurt, 13. Juli

Lieber Kevin,

vielen Dank für die Einladung. Leider kann ich nicht kommen. Meine Großmutter hat Geburtstag gehabt, sie ist 85 geworden! Und deshalb bin ich nach Erfurt gefahren. Wir haben schön gefeiert und ich habe endlich wieder viele Freunde und Verwandte getroffen. Und jetzt bin ich noch ein paar Tage in Erfurt geblieben. Wir sind auch schon in Eisenach gewesen und haben die Wartburg gesehen.

Viele Grüße und hoffentlich bis bald,
deine Elisabeth

Herrn
Kevin Wagner
Nikolaistraße 9

04109 Leipzig

b) Was hat Elisabeth gemacht?

Sie _ist_ nach Erfurt gefahren. Ihre Großmutter _ist_ 85 geworden. Dort _hat_ Elisabeth viele Freunde getroffen. Dann _ist_ Elisabeth noch ein paar Tage geblieben. Sie _ist_ auch in Eisenach gewesen und _hat_ die Wartburg gesehen.

6 vierundsiebzig
74

3 haben und sein

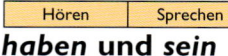

Infinitiv und Partizip Perfekt: Bitte ordnen Sie.

bleiben   ~~werden~~   fahren   ~~haben~~   feiern   treffen   sein   sehen

Verben mit *haben*	Verben mit *sein*
haben – gehabt,	werden – geworden,

4 Schreiben und verstehen: das Perfekt (2)

Perfekt mit *haben*				Perfekt mit *sein*: Veränderung/Bewegung			
finden	ich		eine Arbeit gefunden	fahren	wir		nach Prag gefahren
essen	er		Kuchen gegessen	gehen	du		ins Kino gegangen
feiern	ihr		Geburtstag gefeiert	werden	er		krank geworden
				sein	ihr	seid	in Erfurt gewesen
				bleiben	sie	sind	in Leipzig geblieben

5 Wer hat was gemacht?

a) Bilden Sie Sätze.

| Sascha Elisabeth | hat haben ist sind | nicht nach Leipzig Freunde krank in Erfurt | geworden gekommen geblieben getroffen |

▶ Sascha ist krank geworden.

b) Sprechen Sie im Kurs.

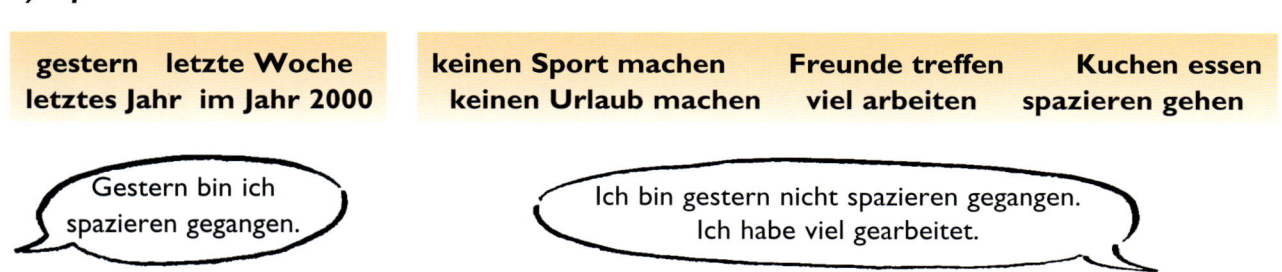

gestern   letzte Woche
letztes Jahr   im Jahr 2000

keinen Sport machen   Freunde treffen   Kuchen essen
keinen Urlaub machen   viel arbeiten   spazieren gehen

(Gestern bin ich spazieren gegangen.)

(Ich bin gestern nicht spazieren gegangen. Ich habe viel gearbeitet.)

fünfundsiebzig
75

6 gesagt – getrunken

Ordnen Sie die Partizipien.

geflogen	gehabt	gefunden	gesehen	gelacht	gegessen
gegangen	gewesen	gefeiert	gegeben	geplant	getroffen
gesessen	geblieben	geworden	gefahren	gemacht

gesagt	getrunken
gehabt,	geflogen,

7 Schreiben und verstehen: das Partizip Perfekt

regelmäßig:	ge-___-t	unregelmäßig:	ge-___-en
machen	ge mach t	fahren	fahr
haben	hab	finden	ge fund en
planen	plan	werden	word
arbeiten	arbeite	sein	wes

8 Heute – gestern

~~arbeiten~~   trinken   feiern   Fahrrad fahren   zu Hause bleiben

▶ Heute arbeite ich nicht.   ◁ Gestern hast du auch nicht gearbeitet.

9 Hören und sprechen: unbetontes e   3–4

a) *Hören und sprechen Sie.*

planen – geplant – die Reise geplant   essen – gegessen – gut gegessen
fahren – gefahren – Zug gefahren   lachen – gelacht – viel gelacht
sitzen – gesessen – im Restaurant gesessen

b) *Eine Reise. Bitte hören Sie.*

sechsundsiebzig

Stadtspaziergang durch Leipzig

1 Leipzig – Stadt des Handels und des Wandels

Ordnen Sie zu: vier Bilder und drei Texte. Ein Bild bleibt übrig.

A Die Nikolaikirche steht mitten in der Altstadt. 1989 haben viele Leipziger hier für den Frieden gebetet. Hier haben die Montagsdemonstrationen begonnen. Die Nikolaikirche ist ein Symbol für die friedliche Revolution in der DDR geworden.

B Leipzig ist schon immer eine Messestadt gewesen. Das „Doppel-M" ist das Symbol. Es bedeutet **M**uster**m**esse. Zweimal im Jahr kommen Produzenten und Besucher aus aller Welt.

C Johann Sebastian Bach war von 1723 bis 1750 Kantor an der Thomaskirche. Hier hat er viele Passionen, Kantaten und Choräle komponiert und den Thomanerchor geleitet. Im Thomanerchor haben auch die Sänger der Popgruppe „Die Prinzen" gesungen.

2 Bild und Text

a) *Ein Text fehlt. Suchen Sie Wörter. Was passt?*

Einkaufspassage, Geschäfte,

elegant,

spazieren gehen,

b) *Schreiben Sie einen Text.*

siebenundsiebzig
77

Jahrgang „19 hundert 72"

1 Jahreszahlen
Hören | Sprechen | Lesen | Schreiben ▶▶ 5

Hören Sie und schreiben Sie die Zahl.

1. 1972: _neunzehn_ hundert _zweiundsiebzig_
2. 1989: _neunzehn_ hundert _neun und achtzig_
3. 1508: _fünfzehn_ hundert _acht_
4. 2010: _zwei_ tausend _zehn_
5. 2035: _zwei_ tausend _fünf und dreißig_

2 Der Lebenslauf von Kevin
Hören | Sprechen | Lesen | Schreiben ▶▶ 6

a) Was passt zusammen? Bitte hören Sie.

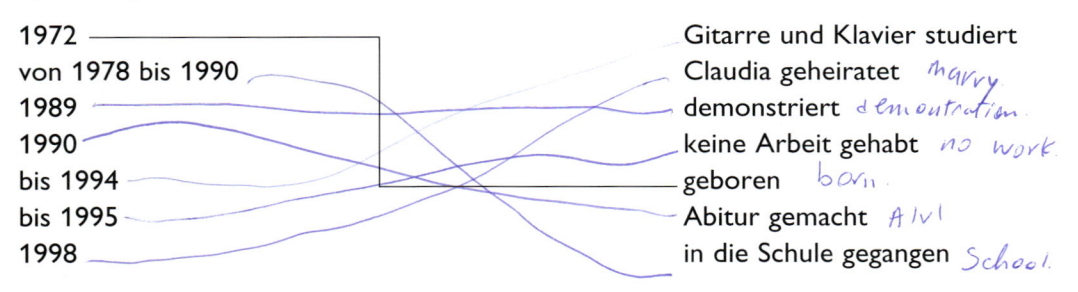

1972	Gitarre und Klavier studiert
von 1978 bis 1990	Claudia geheiratet — marry
1989	demonstriert — demonstration
1990	keine Arbeit gehabt — no work
bis 1994	geboren — born
bis 1995	Abitur gemacht — A lvl
1998	in die Schule gegangen — School

b) Bitte ergänzen Sie.

Studium   Heirat   ~~Leipzig~~   arbeitslos   Schule   Abitur   von ... bis

---

Lebenslauf

Kevin Wagner
Nikolaistr. 9
04109 Leipzig

1972	geboren in _Leipzig_
von 1978 bis 1982	polytechnische _____
____ **1982** ____ **1990**	Thomas-Schule; Sänger im Thomanerchor
1990	Schulabschluss: _____
von 1990 bis 1994	_____ an der Musikhochschule: Gitarre und Klavier
von 1994 bis 1995	_____
seit 1995	Gitarrist und Texter für die Band „Niemand ist perfekt"
1998	_____

achtundsiebzig
78

3 Vergangenheit oder Gegenwart?

Ergänzen Sie die Biografie von Steffi.

Steffi ist 1972 in Leipzig geboren. Sie _ist_ von 1978 bis 1982 in die Grundschule _gegangen_ (gehen). Von 1982 bis 1990 _____ Steffi mit Jens und Kevin in die Thomas-Schule _____ (gehen). Ihr Abitur _____ sie 1990 _____ (machen), ihren Hochschulabschluss 1995. Dann _____ sie Glück _____ (haben) und eine Arbeit _____ (finden). Sie _____ (sein) Lehrerin für Sport. Im Studium _____ sie ihren Traummann Markus _____ (treffen). 1996 _____ Markus und Steffi _____ (heiraten). Jetzt _____ (haben) sie eine Tochter, sie _____ (sein) ein Jahr alt. Markus _____ (bleiben) deshalb zu Hause, Steffi _____ (arbeiten) weiter.

4 Biografien

a) Bereiten Sie ein Interview vor. Schreiben Sie die Fragen.

- geboren
- in die Schule gegangen
- studiert
- arbeitslos gewesen
- gearbeitet
- nach Deutschland gekommen / in Deutschland gewesen
- geheiratet
- ...

1. Wann und wo sind Sie geboren? / Wann und wo bist du geboren?
2. _____

b) Machen Sie ein Interview im Kurs.

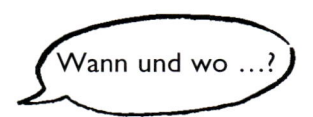

> Wann und wo ...?

c) Stellen Sie dann Ihren Partner oder Ihre Partnerin im Kurs vor.

> Herr Lattef ist 1956 in Rabat geboren. Er ...

> Frau Rozynek ist 1965 in Warschau geboren. Sie ...

neunundsiebzig
79

Kommen und gehen

1 Wer kommt wann zum Klassentreffen?

Was hören Sie? Kreuzen Sie an.

1. Alex kommt um 10.30 Uhr. Er sagt, er kommt
   - um ☐ halb zehn.
   - um ☐ halb elf.

2. Jutta kommt um 15.15 Uhr. Sie sagt, sie kommt
   - um ☐ Viertel vor drei.
   - um ☐ Viertel nach drei.

3. Lutz kommt um 19.45 Uhr. Er sagt, er kommt
   - um ☐ Viertel vor acht.
   - um ☐ Viertel nach acht.

4. Mandy kommt um 17.10 Uhr. Sie sagt, sie kommt
   - um ☐ zehn vor fünf.
   - um ☐ zehn nach fünf.

2 Die Uhrzeit

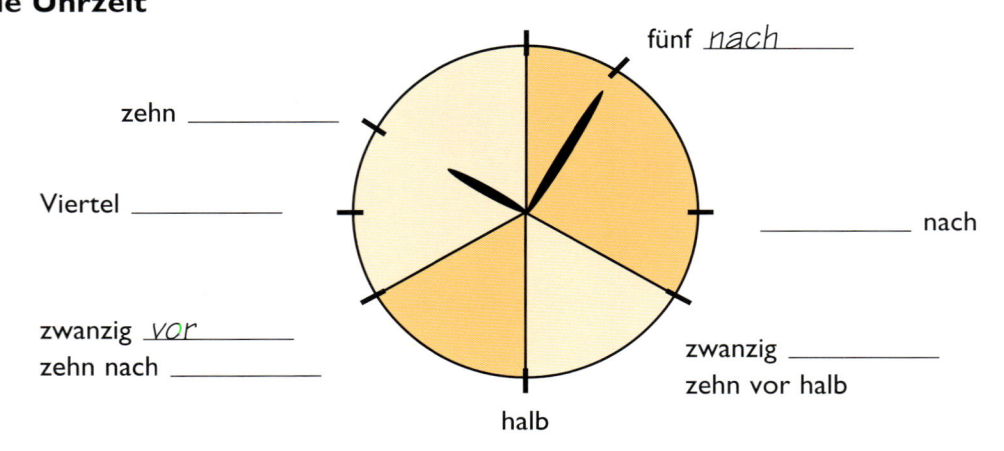

fünf *nach* _____

zehn _____

Viertel _____

zwanzig *vor* _____
zehn nach _____

halb

_____ nach

zwanzig _____
zehn vor halb

3 Wie viel Uhr ist es? Es ist …

> Es ist zehn nach fünf.

4 Wer fährt wann nach Hause?

Was hören Sie? Ordnen Sie zu.

① Peggy fährt um
② Horst fährt um
③ Kirsten fährt um
④ Dennis fährt um

A 13.00 Uhr
B 23.20 Uhr
C 12.30 Uhr
D 24.00 Uhr

1 ☐
2 ☐
3 ☐
4 ☐

achtzig
80

Grammatik

1 Das Perfekt
→ S. 141

Das Perfekt mit haben

	haben		Partizip Perfekt
Ich	habe	eine Arbeit	gefunden.
Steffi	hat	Kaffee	getrunken.
Es	hat	Veränderungen	gegeben.
Wir	haben	viel	gelacht.
Alle	haben	einen Spaziergang	gemacht.

Das Perfekt mit sein

	sein		Partizip Perfekt
Du	bist	ins Kino	gegangen.
Elisabeth	ist	in Erfurt	geblieben.
Sascha	ist	krank	geworden.
Wir	sind	gestern in Berlin	gewesen.
Ihr	seid	nach Prag	gefahren.

Regel: Die meisten Verben bilden das Perfekt mit *haben*. Einige Verben bilden das Perfekt mit *sein*, z. B. Verben der Bewegung (*fahren*), Verben der Veränderung (*werden*), die Verben *sein* und *bleiben*.

2 Das Partizip Perfekt
→ S. 141

Regelmäßige Verben

Infinitiv	Partizip Perfekt		
haben	ge-	hab	-t
machen	ge-	mach	-t
planen	ge-	plan	-t
sagen	ge-	sag	-t
feiern	ge-	feier	-t

Unregelmäßige Verben

Infinitiv	Partizip Perfekt		
fahren	ge-	fahr	-en
finden	ge-	fund	-en
werden	ge-	word	-en
bleiben	ge-	blieb	-en
sein	ge-	wes	-en

Achtung: gearbeit**e**t; geheirat**e**t
Regel: Lernen Sie Infinitiv und Partizip immer zusammen.

3 Die Satzklammer: das Perfekt
→ S. 136

	Verb (Hilfsverb *haben* / *sein*)	Satzmitte	Satzende (Partizip Perfekt)
Du	hast	viel	gelacht.
Ich	bin	müde	gewesen.
Wen	hat	Steffi	geheiratet?
Wohin	ist	Kevin	gegangen?
	Haben	Sie Arbeit	gefunden?
	Seid	ihr nach Spanien	geflogen?

einundachtzig
81

Lektion 7
Ein Hotel in Salzburg

1 Hören | Sprechen | Lesen | Schreiben
Das Hotel Amadeus

Lesen Sie den Hotelprospekt.

das Einzelzimmer	das Doppelzimmer	der Frühstücksraum	die Dusche
das WC	das Schwimmbad	die Garage	der Biergarten
die Bar	der Fernseher	das Telefon	das Bad

Ein Einzelzimmer kostet …

Die Zimmer haben …

Es gibt ein …

Genießen Sie Ihren Aufenthalt in der Mozartstadt in einem typischen Salzburger Altstadthaus aus dem 15. Jahrhundert.

Zentral, nur wenige Gehminuten von den meisten Sehenswürdigkeiten und Festspielhäusern entfernt in der Fußgängerzone gelegen, ist das Hotel Amadeus der ideale Ausgangspunkt für Ihren Salzburg-Aufenthalt.

Hotel Amadeus, Linzer Gasse 43-45, 5020 Salzburg, Österreich
www.hotelamadeus.at, Tel. +43-662-87 14 01, Fax 87 14 017
E-Mail salzburg@hotelamadeus.at

Der Tag beginnt mit einem reichhaltigen Frühstücksbuffet im Frühstücksraum – natürlich all inclusive!

Sie wohnen in gemütlich eingerichteten Zimmern mit Fernseher, Telefon und Dusche oder Bad/WC.

Günstige Parkgarage ums Eck.

			Hochsaison
Zimmerpreise:	Einzelzimmer:	53 €	68 €
	Doppelzimmer:	87 €	130 €
	Dreibettzimmer:	109 €	145 €
	Appartement:	130 €	174 €

7 zweiundachtzig

2 Hotelberufe

Hören | Sprechen | Lesen | **Schreiben**

Wer arbeitet im Hotel Amadeus?

| ~~Empfangschefin~~ | Zimmermädchen | Koch | Musiker | Hotelier | Ober |

1. Judit Kovács empfängt die Gäste. Sie ist *Empfangschefin*.
2. Valentina Ponte und Barbara Nováková räumen die Zimmer auf. Sie sind Zimmermädchen.
3. Toni Walketseder macht das Essen für die Gäste. Er ist Koch.
4. Max Hinterleitner macht Zithermusik. Er ist Musiker.
5. Herr und Frau Walketseder sind die Hotelbesitzer. Herr Walketseder ist Hotelier.
6. Jan Mikulski serviert das Essen und bringt die Getränke. Er ist Ober. *serve drinks*

3 Der Hotelchef informiert

Hören | Sprechen | Lesen | **Schreiben** ▶▶ 15

Richtig **r** *oder falsch* **f**? *Was sagt Herr Walketseder?*

1. Das Hotel Amadeus liegt ruhig *(calm)* und zentral. — **(r)** f
2. Man kann fast alles zu Fuß erreichen. — **(r)** f
3. In Salzburg gibt es keine Biergärten. *(walking)* — r **(f)**
4. Die Hotelrezeption organisiert Stadtführungen für die Gäste. *(guided tours) (guests)* — **(r)** f
5. Die Hotelrezeption verkauft auch Konzertkarten. *(sell concert tickets)* — **(r)** f
6. Nicht alle Gäste sind im Hotel Amadeus willkommen. — r **(f)**

Frühstücksraum

Terrasse

Zimmer

dreiundachtzig
83

7

Arbeit und Freizeit

1 Der Tag von Barbara und Valentina
*Hören | Sprechen | **Lesen** | Schreiben*

a) Bitte lesen Sie.

Die Zimmermädchen Barbara und Valentina sind müde. Heute hat der Tag früh angefangen. Um 6 Uhr sind sie aufgestanden. Hotelgäste sind abgefahren, Hotelgäste sind angekommen. Barbara und Valentina haben die Zimmer aufgeräumt. Sie haben Betten gemacht und Handtücher ausgewechselt, sie haben die Fenster aufgemacht und die Zimmer geputzt. Jetzt trinken sie Kaffee. Valentina hat Brezeln mitgebracht.

b) Was machen Valentina und Barbara jetzt gerade?

☐ Sie arbeiten.   ☑ Sie machen Pause.

c) Lesen Sie noch einmal und nummerieren Sie dann die Bilder.

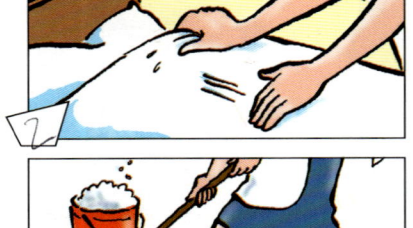

[Bilder: 2, 6, 3, 4, 1, 5]

2 haben mitgebracht – mitbringen. Wie heißen die Infinitive?
*Hören | Sprechen | Lesen | **Schreiben***

1. gebracht — bringen
2. gemacht — machen
3. gekommen — kommen
4. gefahren — fahren

mitgebracht — mitbringen
aufgemacht — aufmachen
angekommen — ankommen
abgefahren — abfahren

3 Schreiben und verstehen: das Partizip Perfekt – trennbare Verben
*Hören | Sprechen | Lesen | **Schreiben***

Infinitiv	Partizip Perfekt	Infinitiv	Partizip Perfekt
aufmachen	aufgemacht	ankommen	
aufräumen		aufstehen	
auswechseln		anfangen	

7 vierundachtzig
84

4 Der Traum von Valentina

Im Traum hat sie alles falsch gemacht.

1. Ich habe die Zimmer aufgemacht. _aufgeräumt_
2. Ich habe die Fenster ausgewechselt. _____
3. Ich habe die Betten aufgeräumt. _____
4. Ich habe die Brezeln geputzt. _____
5. Ich habe die Handtücher gemacht. _____
6. Ich habe die Zimmer mitgebracht. _____

5 Der Tag von Akiko

Akiko aus Japan schläft noch. Was hat sie gestern gemacht?

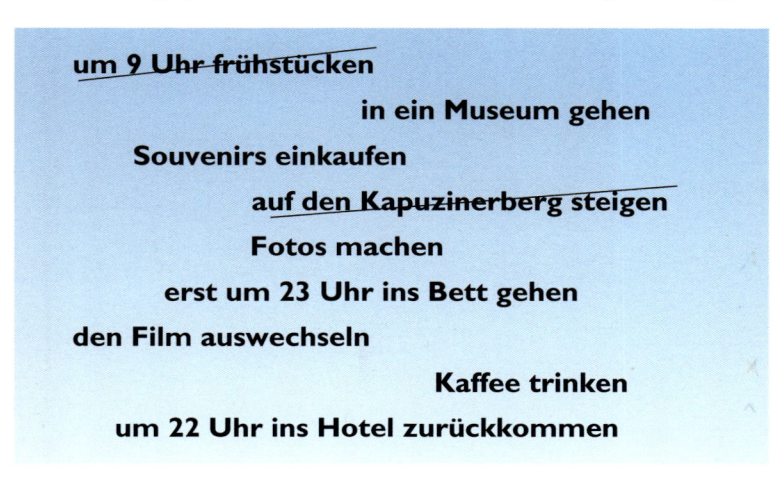

um 9 Uhr frühstücken
in ein Museum gehen
Souvenirs einkaufen
auf den Kapuzinerberg steigen
Fotos machen
erst um 23 Uhr ins Bett gehen
den Film auswechseln
Kaffee trinken
um 22 Uhr ins Hotel zurückkommen

▶ Akiko hat um 9 Uhr gefrühstückt. Dann ist sie auf den Kapuzinerberg gestiegen.

6 Und Sie?

Sprechen Sie im Kurs.

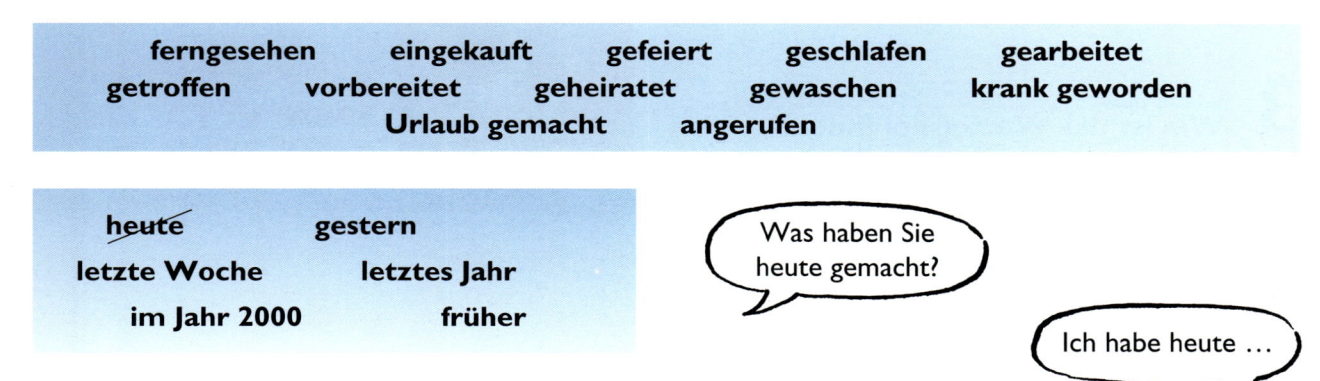

ferngesehen   eingekauft   gefeiert   geschlafen   gearbeitet
getroffen   vorbereitet   geheiratet   gewaschen   krank geworden
Urlaub gemacht   angerufen

heute   gestern
letzte Woche   letztes Jahr
im Jahr 2000   früher

Was haben Sie heute gemacht?

Ich habe heute …

fünfundachtzig
85

Unterwegs nach Salzburg

1 Hören | Sprechen | Lesen | Schreiben ▶▶ 16
Wie ist das Wetter in Salzburg?

a) Lesen Sie den Wetterbericht.

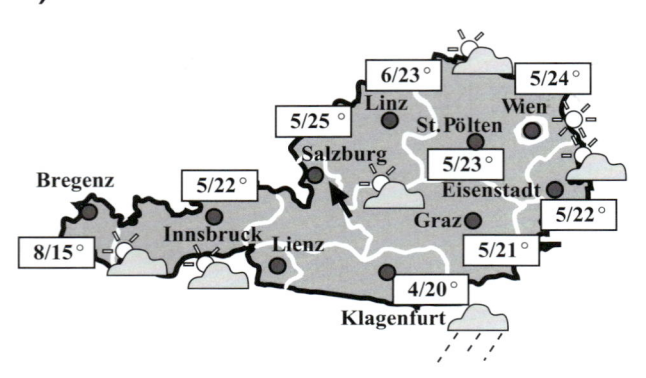

b) Hören Sie den Wetterbericht und kreuzen Sie an.

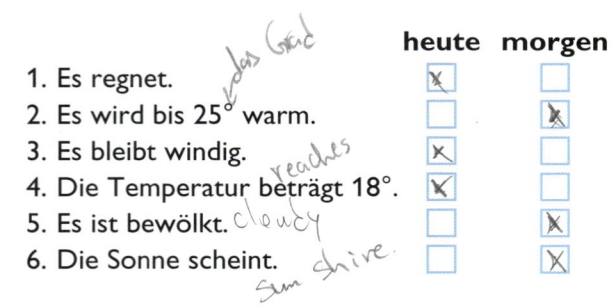

	heute	morgen
1. Es regnet.	☒	☐
2. Es wird bis 25° warm.	☐	☒
3. Es bleibt windig.	☒	☐
4. Die Temperatur beträgt 18°.	☒	☐
5. Es ist bewölkt.	☐	☒
6. Die Sonne scheint.	☐	☒

2 Hören | Sprechen | Lesen | Schreiben
Wie heißt das Wort?

1. der Regen — *regnerisch*
2. der Wind — _____
3. die Sonne — _____
4. die Wolke — _____

3 Hören | Sprechen | Lesen | Schreiben
Wie ist das Wetter bei Ihnen?

(Die Sonne …)

(Morgen wird es …)

7 sechsundachtzig
86

4 Familie Kajewski fährt nach Salzburg

*Hören / Sprechen / **Lesen** / Schreiben*

Familie Kajewski aus Schwerin möchte Urlaub in Österreich machen. Heute stehen alle früh auf, die Reise beginnt um 5 Uhr. 10 Stunden dauert die Autofahrt. Bei Leipzig und Nürnberg machen sie Pause. Die Eltern bestellen viel Kaffee.
Bei München hören sie den Wetterbericht für Salzburg: Schnürl-Regen, eine Salzburger Spezialität. Und Frau Kajewski hat ihren Regenschirm zu Hause vergessen.
Endlich kommen sie in Salzburg an. Aber jetzt findet Familie Kajewski das Hotel Amadeus nicht: Herr Kajewski hat den Stadtplan verloren. Sie fragen einen Salzburger. Er erklärt den Weg ins Hotel, aber sie verstehen ihn schlecht: Die Österreicher sprechen nicht wie die Deutschen!
Endlich entdeckt Jonas, der Sohn von Kajewskis, das Hotel.

5 Wie war die Reise von Familie Kajewski?

*Hören / **Sprechen** / Lesen / Schreiben*

Bitte erzählen Sie im Perfekt.

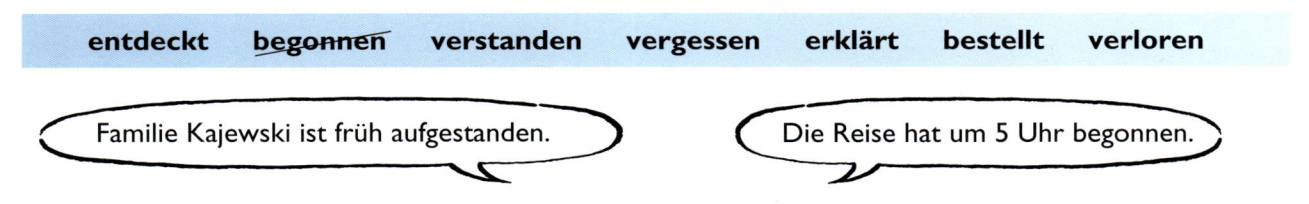

entdeckt   ~~begonnen~~   verstanden   vergessen   erklärt   bestellt   verloren

> Familie Kajewski ist früh aufgestanden.

> Die Reise hat um 5 Uhr begonnen.

6 Schreiben und verstehen: das Partizip Perfekt – untrennbare Verben

*Hören / Sprechen / Lesen / **Schreiben***

Infinitiv	Partizip Perfekt	Infinitiv	Partizip Perfekt
beginnen	begonnen	**er**klären	erklärt
bestellen	bestellt	**ver**stehen	verstanden
vergessen	vergessen	**ent**decken	entdeckt

7 Hören und sprechen: trennbare und untrennbare Verben

*Hören / Sprechen / Lesen / **Schreiben*** ▶▶ 17

Wo ist der Akzent? Markieren Sie und sprechen Sie nach.

	trennbar	untrennbar
1. **auf** – steh – en	X	
2. be – **ginn** – en		X
3. **an** – komm – en	X	
4. ent – deck – en		X *discover*
5. **auf** – räum – en	X	
6. er – klär – en		X *explain*
7. ver – steh – en		X
8. **ab** – fahr – en	X	

siebenundachtzig **87**

An der Rezeption

1 Herr Kajewski hat reserviert

Hören Sie den Dialog. Nummerieren Sie die Sätze.

- ☐ Danke schön.
- ☐ Ja, ich habe im Mai mit Frau Walketseder telefoniert.
- ☐ 1 Guten Tag. Mein Name ist Kajewski.
- ☐ Ah ja, stimmt. Die Chefin hat mich schon informiert. Sie haben Zimmer 17. Bitte sehr, Ihr Schlüssel. Viel Spaß in Salzburg!
- ☐ Grüß Gott, Herr Kajewski. Haben Sie reserviert?

2 Schreiben und verstehen: das Partizip Perfekt – Verben auf -ieren

Infinitiv	Partizip Perfekt
reservieren	reserviert
telefonieren	
informieren	

3 Die Reise nach Salzburg

Jonas spricht mit Valentina. Ergänzen Sie.

entdecken
~~aufstehen~~   spielen
schlafen   steigen   vergessen
abfahren   gehen
telefonieren   finden   warten
verlieren   regnen

1. Wir sind ganz früh _aufgestanden_ und ins Auto _____, nur Papa nicht.
2. Er hat mit Onkel Hans _____. Onkel Hans hat nämlich unseren Hund.
3. Und dann sind wir endlich _____.
4. Wir Kinder haben _____ und Karten _____, aber die Reise war so langweilig!
5. Einmal ist Mama aufs Klo _____, da haben wir ganz lange _____.
6. Zuerst haben wir unser Hotel in Salzburg nicht _____.
7. Papa hat den Stadtplan _____ und Mama war sauer.
8. Es hat _____ und Mama hat ihren Regenschirm _____.
9. Dann habe ich aber das Hotel _____.

7 achtundachtzig
88

4 Marlene Steinmann hat nicht reserviert

Hören | Sprechen | Lesen | Schreiben ▶▶ 19

Bitte kreuzen Sie den richtigen Satz an.

1. a) ☐ Marlene hat reserviert.
   b) ☒ Marlene sucht ein Zimmer für zwei Nächte.
2. a) ☐ Sie braucht ein Einzelzimmer.
   b) ☐ Sie braucht ein Doppelzimmer.
3. a) ☐ Sie möchte ein Zimmer ohne Bad und WC.
   b) ☐ Sie möchte ein Zimmer mit Bad und WC.
4. a) ☐ Das Zimmer ist mit Blick auf die Straße.
   b) ☐ Das Zimmer ist mit Blick auf den Hof.
5. a) ☐ Marlene bucht zwei Übernachtungen mit Halbpension.
   b) ☐ Marlene bucht zwei Übernachtungen mit Frühstück.
6. a) ☐ Sie hat viel Gepäck.
   b) ☐ Sie braucht keine Hilfe. Sie hat nur einen Koffer und eine Tasche.

5 Die Zimmersuche

Hören | Sprechen | Lesen | Schreiben

a) Schreiben Sie einen Dialog.

> Nein, leider mit Blick auf die Straße. Aber es ist ruhig.
> Nein, nur mit Frühstück.   Guten Tag, haben Sie noch ein Zimmer für eine Nacht frei?
> Bitte schön. Hier ist Ihr Schlüssel, Zimmer 5.   Möchten Sie die Übernachtung mit Halbpension?
> Gut. Das nehme ich.   ~~Grüß Gott, bitte sehr?~~   Nein, ein Doppelzimmer, bitte.   Danke.
> Mit Bad und WC. Ist das Zimmer mit Blick auf den Garten?
> Ja, brauchen Sie ein Einzelzimmer?   Mit oder ohne Bad und WC?

Empfangschef: Grüß Gott, bitte sehr?

Tourist: Guten Tag, …

b) Spielen Sie Dialoge im Kurs.

— Guten Tag, ich suche ein Zimmer.

— Grüß Gott …

neunundachtzig
89

Im Speisesaal

1 Im Speisesaal
Hören | Sprechen | Lesen | Schreiben ▶▶ 20–23

Hören Sie und schreiben Sie die Tischnummer auf.

1. Tisch Nr. _____   3. Tisch Nr. _____
2. Tisch Nr. _____   4. Tisch Nr. _____

2 Wer sitzt wo?
Hören | Sprechen | **Lesen** | Schreiben

Suchen Sie die Personen auf dem Bild.

1. Der Mann mit dem Musikinstrument sitzt an Tisch _____.
2. Die Touristinnen mit den Fotoapparaten sitzen an Tisch _____.
3. Die Frau mit dem Hut sitzt an Tisch _____.
4. Die Frau mit dem Handy und der Sonnenbrille sitzt an Tisch _____.
5. Das Paar mit dem Hund sitzt an Tisch _____.
6. Die Familie mit den Kindern sitzt an Tisch _____.

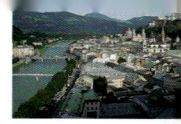

3 Schreiben und verstehen: *mit* + Dativ

m	mit	*dem*	Hut	mit	*einem*	Hut
f	mit		Sonnenbrille	mit	*eine___*	Sonnenbrille
n	mit		Handy	mit		Handy
Pl	mit		Kinder**n**	mit	*Kinder___*	

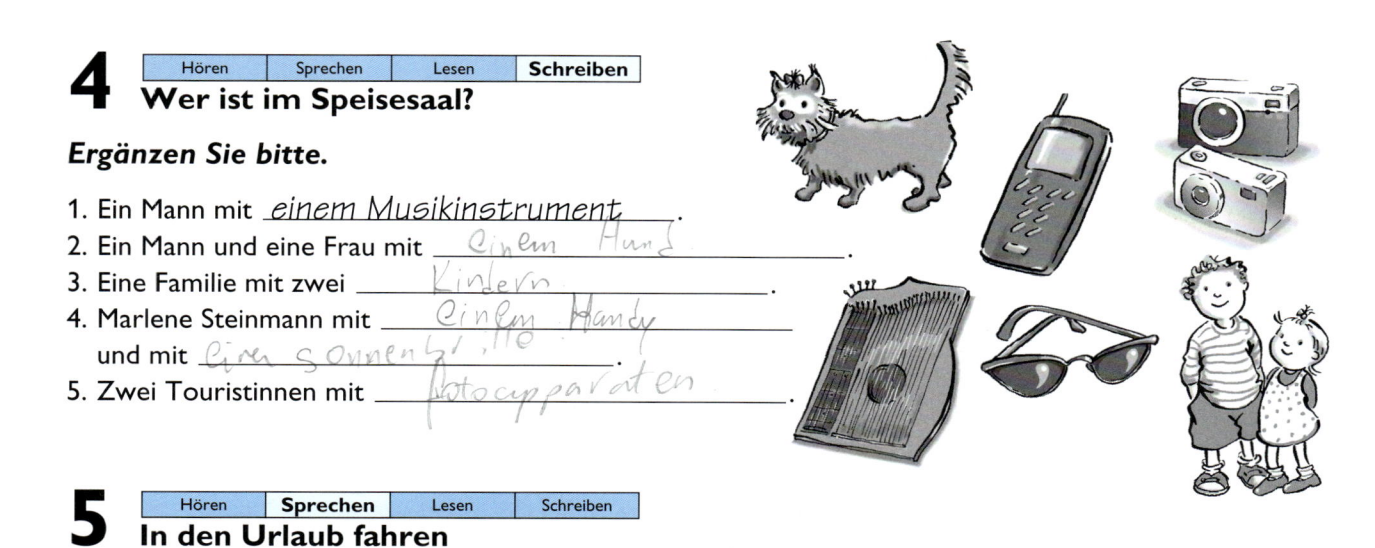

4 Wer ist im Speisesaal?

Ergänzen Sie bitte.

1. Ein Mann mit *einem Musikinstrument*.
2. Ein Mann und eine Frau mit _einem Hund_.
3. Eine Familie mit zwei _Kindern_.
4. Marlene Steinmann mit _einem Handy_
   und mit _einer Sonnenbrille_.
5. Zwei Touristinnen mit _Fotoapparaten_.

5 In den Urlaub fahren

a) Womit?

der Zug	das Fahrrad	der Bus
	das Schiff	
das Flugzeug		das Auto

in den Urlaub	nach Australien
in die Sprachschule	ins Büro
in die Schweiz	nach Deutschland

▶ Womit fahren Sie in den Urlaub?   ◁ Ich fliege mit dem Flugzeug.

b) Mit wem?

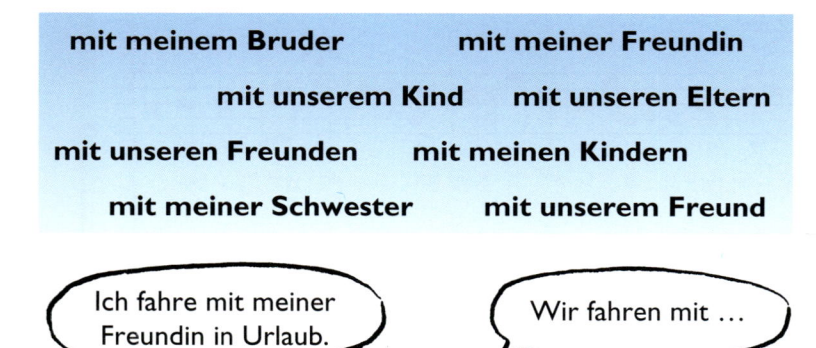

mit meinem Bruder   mit meiner Freundin

mit unserem Kind   mit unseren Eltern

mit unseren Freunden   mit meinen Kindern

mit meiner Schwester   mit unserem Freund

Ich fahre mit meiner Freundin in Urlaub.

Wir fahren mit …

einundneunzig 91

Wolfgang Amadeus Mozart

1 Hören | Sprechen | **Lesen** | Schreiben
W. A. Mozart

a) Ein Lexikonartikel. Was können Sie schon verstehen?

Mozart

Mozart, Wolfgang Amadeus, *1756 Salzburg, †1791 Wien. Österreichischer Komponist. Sein Vater Leopold Mozart, selbst ein Musiker, unterrichtet seinen Sohn musikalisch. Mozart ist ein Wunderkind. Schon mit 6 Jahren macht er mit seinem Vater und mit seiner Schwester Nannerl Konzertreisen durch Europa. 1769 wird Mozart Konzertmeister beim Erzbischof von Salzburg. 1780 zieht er nach Wien um. Er ist dort freier Künstler und hat oft finanzielle Probleme. 1782 heiratet er Constanze Weber. Mit seiner Oper „Don Giovanni" hat er 1787 endlich großen Erfolg und wird kaiserlicher Komponist. Mozart ist aber oft krank und immer noch arm. Mit 35 Jahren stirbt er einsam und unglücklich in Wien. Mozart hat Opern, Sinfonien, Konzerte und noch viel mehr komponiert. Er ist einer der wichtigsten Komponisten der Musikwelt. Vieles ist heute nach Mozart benannt. Es gibt sogar eine Süßigkeit: Mozartkugeln.

b) Bitte ergänzen Sie den Lebenslauf von Mozart.

1. 17 ____ geboren in _____
2. Musiklehrer von Wolfgang Amadeus Mozart: _____
3. Seit 17 ____ Konzertreisen
4. 17 ____ Heirat mit _____
5. 1791 Tod in _____
6. Kompositionen: _____

2 Hören | Sprechen | Lesen | Schreiben ▶▶ 24
Ein Lied von Mozart (1788)

Singen Sie den Kanon!

Bona nox
Kanon zu 4 Stimmen

Text und Melodie
Wolfgang Amadeus Mozart

Bo – na nox bist a rech – ter Ochs, buo – na not – te, lie – be Lot – te; bonne nuit, pfui, pfui, good night, good night, heut' müss' ma no weit, gu – te Nacht, gu – te Nacht,'s wird höchs – te Zeit, gu – te Nacht, schlaf fei g'sund und bleib recht ku – gel – rund!

Grammatik

1 Das Partizip Perfekt → S. 141

Trennbare Verben

Regelmäßige Verben

Infinitiv	Partizip Perfekt			
aufmachen	auf	-ge-	mach	-t
aufräumen	auf	-ge-	räum	-t
auswechseln	aus	-ge-	wechsel	-t

Unregelmäßige Verben

Infinitiv	Partizip Perfekt			
ankommen	an	-ge-	komm	-en
aufstehen	auf	-ge-	stand	-en
mitbringen	mit	-ge-	brach	-t

Regel: Beim Partizip Perfekt von trennbaren Verben steht erst das Präfix (z. B. *auf-*) und dann -ge-.

Untrennbare Verben

Regelmäßige Verben

Infinitiv	Partizip Perfekt	
bestellen	bestell	-t
erklären	erklär	-t
entdecken	entdeck	-t

Unregelmäßige Verben

Infinitiv	Partizip Perfekt	
vergessen	vergess	-en
beginnen	begonn	-en
empfangen	empfang	-en

Regel: Verben mit *be-*, *ent-/emp-*, *er-*, *ver-* und *ge-*, *miss-* und *zer-* bilden das Partizip Perfekt ohne *ge-*.

Verben auf -ieren

Infinitiv	Partizip Perfekt	
reservieren	reservier	-t
telefonieren	telefonier	-t

Regel: Verben auf *-ieren* bilden das Partizip Perfekt ohne *ge-* und immer auf *-t*.

2 Die Satzklammer: das Perfekt → S. 136

	Verb (Hilfsverb *haben* / *sein*)	Satzmitte	Satzende (Partizip Perfekt)
Barbara	ist	um 6 Uhr	aufgestanden.
Frau Kajewski	hat	ihren Regenschirm	vergessen.
Herr Kajewski	hat	mit dem Hotel	telefoniert.

Satzklammer

3 Präpositionen: *mit* + Dativ → S. 154

m
mit dem Hut
mit einem Hut
mit meinem Hut

f
mit der Sonnenbrille
mit einer Sonnenbrille
mit meiner Sonnenbrille

n
mit dem Handy
mit einem Handy
mit meinem Handy

Pl
mit den Kindern
mit Kindern
mit meinen Kindern

Regel: mit immer mit Dativ.

dreiundneunzig
93

Lektion 8 — Projekt: Nürnberg – unsere Stadt

1 Ein Deutschkurs in der Volkshochschule Nürnberg

Hören | Sprechen | **Lesen** | Schreiben

a) Bitte lesen Sie.

Die Kursteilnehmer möchten Nürnberg kennen lernen, deshalb hat die Kursleiterin ein Projekt über Nürnberg geplant: Die Kursteilnehmer gehen in die Stadt, sammeln Informationen und machen Interviews. Später stellen sie ihre Ergebnisse im Kurs vor.

b) Ein Projekt über Nürnberg machen heißt:

☐ Die Kursleiterin spricht über Nürnberg.
☐ Die Kursteilnehmer sammeln Informationen über Nürnberg.
☐ Die Kursteilnehmer interviewen die Kursleiterin.

c) So können Sie ein Projekt machen. Lesen Sie das Arbeitsblatt.

Projekt: Nürnberg – unsere Stadt

1. Was gibt es in Nürnberg? Sammeln Sie Ihre Ideen.
2. Wählen Sie ein Projektthema und arbeiten Sie in Gruppen.
3. Sammeln Sie Informationen (sprechen Sie mit Leuten, bringen Sie Prospekte mit ...).
4. Schreiben Sie Texte zu Ihrem Thema, machen Sie eine Collage oder eine Wandzeitung.
5. Stellen Sie Ihre Arbeit im Kurs vor.

2 Was ist typisch für Nürnberg?

Hören | Sprechen | Lesen | Schreiben 25–28

a) Die Kursteilnehmer sammeln Ideen. Bitte ordnen Sie Texte und Bilder.

A Albrecht Dürer (1471–1528), deutscher Maler und Zeichner. Er hat in Nürnberg gelebt. 5

B Sie sind ganz klein und schmecken ganz groß: Nürnberger Bratwürste. Wie viele Würstchen können Sie essen? 6, 12 oder 18? Probieren Sie mal! 3

C Dunkle Vergangenheit: Zur Zeit Hitlers finden von 1933 bis 1938 in Nürnberg die Reichsparteitage der nationalsozialistischen Partei NSDAP statt. 4

D Nürnberg ist eine sehr alte Stadt. In der Burg haben einige deutsche Kaiser gelebt, z. B. Friedrich Barbarossa (1152–1190) und Karl IV. (1347–1378). Der „Schöne Brunnen" auf dem Hauptmarkt ist 600 Jahre alt. 1

E Das Handwerk hat in Nürnberg eine lange Tradition. Ein Beispiel für eine moderne Schneiderei ist das „Atelier für Mode und Design". 6

F Kommen Sie im Dezember auf den Christkindlesmarkt. Hier finden Sie alles für Weihnachten: Dekoration, Spielzeug, Süßigkeiten … Besonders berühmt sind die Nürnberger Lebkuchen. 2

b) 6 Themen, 4 Dialoge. Was hören Sie wo? Notieren Sie die Dialognummer.

1. Albrecht Dürer: Dialog ___4___
2. Nürnberger Bratwürste: Dialog ___3___
3. die dunkle Vergangenheit: Dialog _____
4. die Nürnberger Burg: Dialog ___2___
5. das Handwerk: Dialog _____
6. der Christkindlesmarkt: Dialog ___1___

fünfundneunzig
95

Straßen und Plätze in Nürnberg

1 | Hören | **Sprechen** | Lesen | Schreiben |
Projektgruppe 1: Alik, Sonya und Shijun beobachten Straßen und Plätze

Beschreiben Sie das Foto. Was können Alik, Sonya und Shijun auf dem Hauptmarkt sehen? Was glauben Sie: Was kann man hier alles machen?

- Es gibt einen Brunnen, eine Bushaltestelle, …
- Die Leute hier gehen spazieren, …
- Man kann etwas essen, …

2 | Hören | Sprechen | **Lesen** | Schreiben |
Auf dem Hauptmarkt in Nürnberg

Was machen Alik, Sonya und Shijun wo genau?

1. Sie machen Interviews
2. Sie sitzen
3. Sie essen Bratwürste
4. Sie warten
5. Sie trinken Limo
6. Sie fragen die Leute

A an der Haltestelle.
B an den Marktständen.
C am Brunnen.
D an einem Bratwurststand.
E auf einer Bank.
F im Café.

1	C
3	
4	
6	
5	
2	

3 Schreiben und verstehen: die Präpositionen *auf, an, in* + Dativ

		bestimmter Artikel	unbestimmter Artikel
Wo?	m	an *dem* = ____ Brunnen	an ____ Brunnen
	f	auf ____ Bank	auf ____ Bank
	n	in *dem* = ____ Café	in *einem* Café
	Pl	an ____ Marktständen	an Marktständen

4 Wo macht man das?

der Markt   die Großstadt   die Fabrik [factory]   die Haltestelle [bus stop]   das Geschäft
das Dorf   der Bratwurststand   das Restaurant   der Bahnhof [station]
die Wohnung   der Brunnen   das Büro   der Laden [shop]   das Café

1. essen [eat]: *im Café, im Restaurant, …*
2. warten [wait]: _____
3. einkaufen [shop]: _____
4. arbeiten [work]: _____
5. wohnen [live]: _____

5 Wo sind die Leute? 29–34

a) Bitte hören Sie.

das Restaurant   ~~der Marktplatz~~   ein Bus   ein Geschäft
die Touristen-Information   eine Haltestelle

1. *auf dem Marktplatz*   3. _____   5. _____
2. _____   4. _____   6. _____

b) Sprechen Sie jetzt noch einmal über das Bild.

- Ein Bus wartet an der Haltestelle.
- Auf dem Markt …
- Am Brunnen …

siebenundneunzig 97

6 Andere Orte in der Stadt

Hören | Sprechen | Lesen | Schreiben   35–40

a) Wohin wollen die Leute? Bitte schreiben Sie die Dialognummer auf.

- ☐ die Fahrschule
- ☐ der Friseur
- ☐ der Flohmarkt
- ☐ der Kindergarten
- ☐ das Behindertenzentrum
- ☐ das Fitness-Studio

b) Was ist wo? Bitte verbinden Sie.

1. Der Friseur ist
2. Der Kindergarten ist
3. Das Behindertenzentrum ist
4. Die Fahrschule ist
5. Das Fitness-Studio ist
6. Der Flohmarkt ist

A geradeaus, an der zweiten Kreuzung links.
B rechts, an der zweiten Kreuzung links, dann die dritte Straße rechts.
C rechts, an der zweiten Kreuzung rechts, dann links auf der rechten Seite.
D rechts, an der ersten Kreuzung links.
E rechts, an der zweiten Kreuzung rechts, dann an der Ampel rechts.
F links, geradeaus, an der Ecke rechts.

1	C
2	
3	
4	
5	
6	

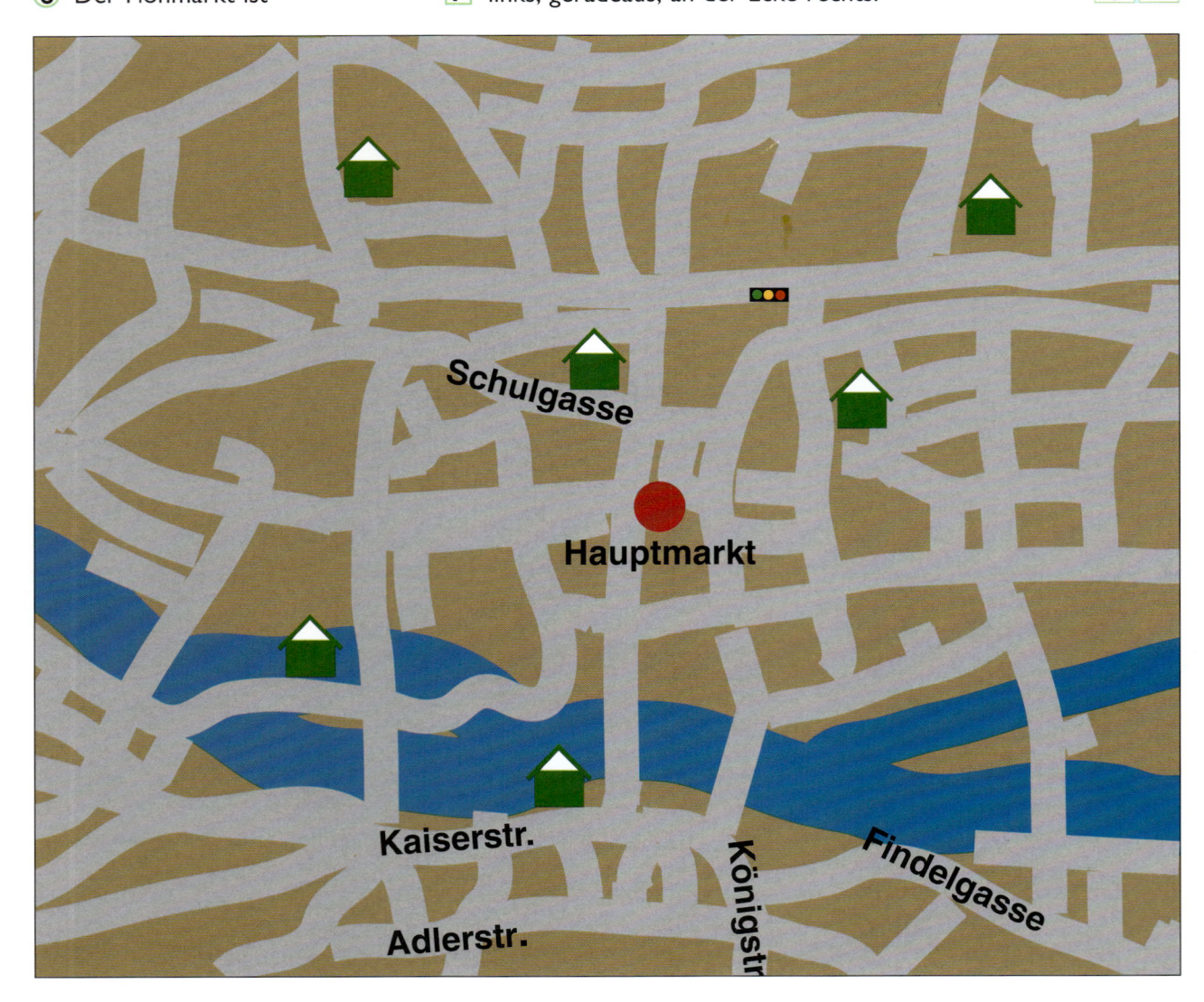

8 achtundneunzig
98

7 Wege in die Stadt

Hören | Sprechen | Lesen | Schreiben

Sprechen Sie im Kurs.

> Entschuldigung, wo ist der Flohmarkt?

> Der Flohmarkt? Gehen Sie geradeaus ...

8 Hören und sprechen: m oder n?

Hören | Sprechen | Lesen | Schreiben ⏩ 41

Hören Sie genau und kreuzen Sie an.

1. ☒ am Bratwurststand   ☐ an den Bratwurststand
2. ☒ im Garten   ☐ in den Garten
3. ☐ auf dem Marktplatz   ☒ auf den Marktplatz
4. ☒ im Schreibwarenladen   ☐ in den Schreibwarenladen
5. ☐ auf dem Flohmarkt   ☒ auf den Flohmarkt
6. ☒ im Supermarkt   ☒ in den Supermarkt

9 Wo und wohin

Hören | Sprechen | Lesen | Schreiben ⏩ 42–45

a) *Hören Sie bitte die Handygespräche und notieren Sie.*

das Büro	das Restaurant	die Fahrschule	der Supermarkt
der Flohmarkt	das Schwimmbad	der Sportplatz	der Kindergarten
das Kino	das Arbeitsamt	der Bus	das Kaufhaus

Wo sind die Leute?
1. Sie ist _____.
2. Er ist _____.
3. Sie ist _____.
4. Er ist _____.

Wohin gehen die Leute?
Sie geht _____.
Er geht _____.
Sie geht _____.
Sie gehen _____.

b) *Wohin gehen Sie?*

> Ich möchte schwimmen. Ich gehe ins Schwimmbad.

> Ich möchte einen Salat kaufen. Ich gehe ...

c) *Wo sind Sie? Was machen Sie gerade?*

> Ich schwimme gerade.

> Du bist im Schwimmbad. Ich lerne gerade Deutsch.

> Du bist ...

neunundneunzig
99

Im Atelier für Mode und Design

1   Hören   Sprechen   Lesen   Schreiben
Projektgruppe 2: Julia und Iffy machen ein Interview im Atelier

a) Lesen Sie das Interview mit Frau Sommer.

Ja, der Anfang ist nicht leicht gewesen. Ich habe 1998 allein begonnen. Niemand hat mich gekannt, nur wenige Leute haben meinen Laden besucht und nur sehr wenige haben etwas bestellt oder gekauft. Aber meine Kunden sind immer zufrieden gewesen und haben Werbung für mich gemacht. So sind es immer mehr Kunden geworden. Deshalb sind wir jetzt zu zweit. Seit Herbst 2001 arbeitet Frau Güncel als Schneiderin hier im Atelier.
Unsere Kunden sind oft Frauen, so 30–40 Jahre alt, aber auch immer mehr Männer. Wir nähen Jacken, Mäntel, Hosen, Röcke, Blusen und Hemden ... Aber wir verkaufen auch Pullover, T-Shirts und sogar Schuhe.
Na ja, unsere Kleidung ist schon teuer. Aber das Design ist individuell, die Kleidungsstücke sind schick und passen genau. Deshalb verkaufen wir wirklich gut.

b) Julia und Iffy haben viele Fragen vorbereitet. Welche Antworten finden Sie im Interview? Markieren Sie.

1. Wie lange gibt es das Atelier schon? [X]
2. Wie viele Stunden arbeiten Sie am Tag? [ ]
3. Ist Ihre Arbeit anstrengend? [ ]
4. Wer sind Ihre Kunden? [ ]
5. Was produzieren Sie? [ ]
6. Warum kaufen die Kunden hier? [ ]

c) Einige Skizzen von Frau Sommer: Welche Kleidungsstücke kennen Sie?

2 Iffy und Julia probieren gern Kleider an

Bitte hören Sie den Dialog und nummerieren Sie.

- ☐ Größe 38. Ich gehe mal in die Umkleidekabine. – Es passt genau!
- ☐ 1 Iffy, wie findest du das Kleid?
- ☐ 150 Euro.
- ☐ Schau mal, hier gibt es das Kleid auch in Gelb.
- ☐ Oh je! Das ist viel zu teuer für mich.
- ☐ Gelb finde ich nicht so toll. Was kostet das Kleid überhaupt?
- ☐ Ist es nicht zu klein? Welche Größe hast du?
- ☐ Super.
- ☐ Ich probiere es gleich an.

hellblau
dunkelblau
weiß
schwarz
gelb
rot
braun
grau
grün

Internationale Größentabelle:

	XS	S	M	L	XL	XXL
Frauen:	32/34	36/38	40/42	44/46	48/50	52/54
Männer:	40/42	44/46	48/50	52/54	56/58	60/62

3 Schreiben und verstehen: welcher, welche, welches, welche

	m	f	n	Pl
Nominativ	Welcher Mantel?	Welche Größe?	Welches Kleid?	Welche Schuhe?
Akkusativ	Welch__ Mantel?	Welch__ Größe?	___ Kleid?	___ Schuhe?

4 Im Bekleidungsgeschäft

a) Wer sagt was? Bitte ordnen Sie.

> Welche Farbe? Umtauschen geht nur mit Kassenbon. Ich suche einen Pullover.
> Was kostet der Pullover? Welche Größe haben Sie? Wo kann ich den Pullover anprobieren?
> Bitte bezahlen Sie an der Kasse. Möchten Sie den Pullover anprobieren?
> Kann ich helfen? Ich hätte gern einen Pullover. Kann ich den Pullover auch umtauschen?

1. Verkäufer/Verkäuferin:

2. Kunde/Kundin:

b) Bitte spielen Sie Einkaufsdialoge. (Kann ich helfen?) (Ich …)

hunderteins
101

Im Lebkuchenhaus

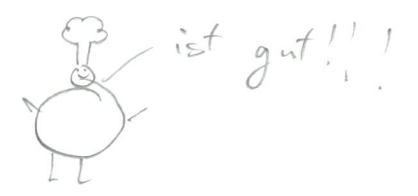

1 | Hören | **Sprechen** | **Lesen** | Schreiben |

Was möchte Projektgruppe 3 machen?

Lesen Sie den Notizzettel von Tamaki, Olaf und Sanjita und erzählen Sie.

> wann: Dienstag, 15.00 Uhr
> wo: im historischen Lebkuchenhaus am Hauptmarkt
> was: Interview mit dem Bäcker
> Wie backt man Lebkuchen? (Rezept!)
> Fotos

> Projektgruppe 3 möchte ins Lebkuchenhaus gehen. Sie …

2 | **Hören** | Sprechen | Lesen | Schreiben |

Interview mit dem Lebkuchenbäcker

a) Was hören Sie? Bitte markieren Sie. ▶▶ 47

1. Lebkuchen sind typisch ☑ für den Winter ☐ für Geburtstage.
2. Die Qualität von Nürnberger Lebkuchen ist ☑ besonders gut ☑ nicht sehr gut.
3. Für Lebkuchen braucht man ☐ Marmelade, Zucker, Butter ☑ Honig, Butter, Gewürze.
4. Die Projektgruppe kann das Rezept ☐ aufschreiben ☑ nicht aufschreiben.
5. In dem Prospekt stehen ☐ Rezepte ☑ Informationen über Lebkuchen.
6. Das Lebkuchenhaus hat ☑ eine Internet-Adresse ☐ keine Internet-Adresse.

b) Was wollen und was dürfen Tamaki, Olaf und Sanjita machen?

1. Olaf und Sanjita wollen ein Interview machen. _____ r f
2. Sie dürfen Fragen stellen. _____ r f
3. Sie wollen das Rezept aufschreiben. _____ r f
4. Der Bäcker darf das genaue Rezept sagen. _____ r f
5. Tamaki will Fotos machen. _____ r f
6. Tamaki darf nicht fotografieren. _____ r f

3 | Hören | **Sprechen** | Lesen | Schreiben |

Was darf man im Lebkuchenhaus (nicht) machen?

> ~~rauchen~~   telefonieren   Eis essen
> Gitarre spielen   alle Rezepte notieren

> mit Kunden sprechen   fotografieren
> ~~Lebkuchen probieren~~
> ein Interview machen

▶ Man darf nicht rauchen.
◁ Man darf kein …

▶ Man darf Lebkuchen probieren.
◁ Man …

hundertzwei
102

4 Tamaki, Olaf und Sanjita wollen noch mehr von Nürnberg kennen lernen

Was wollen sie machen?

Olaf:

Leute in Nürnberg kennen lernen
mit Freunden ausgehen
in Nürnberg arbeiten
eine Wohnung suchen

Tamaki und Sanjita:

das Albrecht-Dürer-Haus besichtigen
Fotos machen
Nürnberger Würste essen
im Zentrum spazieren gehen

▶ Olaf will in Nürnberg arbeiten.
◁ Tamaki und Sanjita wollen das Albrecht-Dürer-Haus besichtigen.

5 Schreiben und verstehen: *wollen, dürfen*

	wollen	dürfen
ich	will	darf
du	willst	darfst
er • sie • es		
wir	wollen	dürfen
ihr	wollt	dürft
sie • Sie		

6 *wollen* und *dürfen*

a) Bitte bilden Sie Sätze.

ich   du   er • sie • es
man   wir   ihr
die Kursteilnehmer

Sport machen   zu spät zur Arbeit kommen
im Haushalt arbeiten   alles essen und trinken
schnell Auto fahren   mit dem Handy telefonieren
Städte besichtigen   ein Projekt im Kurs machen

(Er darf keinen Sport machen.)   (Wir wollen …)

b) Was wollen Sie (nicht)? Was dürfen Sie (nicht)?

(Ich darf leider nicht schnell Auto fahren.)   (Viele Männer wollen nicht im Haushalt arbeiten.)

hundertdrei
103

Projekte präsentieren

1 | Hören | Sprechen | **Lesen** | Schreiben |
Die Projektergebnisse

a) Lesen Sie.

Die Arbeitsgruppen stellen ihre Projekte im Kurs vor: Tamaki, Olaf und Sanjita haben Lebkuchen für alle gebacken. Sie haben ein Lebkuchenrezept aus dem Internet für die anderen Gruppen fotokopiert. Julia und Iffy haben einen Artikel über das Atelier von Frau Sommer für eine Wandzeitung geschrieben. Alik, Sonya und Shijun haben eine Collage gemacht und Gedichte über Nürnberg geschrieben.

Elfchen

Laut.
Viele Menschen
auf dem Platz.
Ich höre die Stimmen.
Markttag.

Sonya

Traumplatz

schön und toll,
leer und voll,
neu und alt,
warm und kalt,
groß und klein,
so muss unser
Platz sein.

Alik

Elfchen

kalt
der Winter
auf dem Platz
man riecht den Glühwein
Wärme

Shijun

b) Schreiben Sie selbst Gedichte.

Sammeln Sie auf einem Papier alle Wörter zu einem Thema (z. B. „Stadt"). Wählen Sie dann elf Wörter und schreiben Sie selbst ein Elfchen.

> Das „Elfchen" ist ein kurzer Text aus nur elf Wörtern in fünf Zeilen:
> Zeile 1: wie (Adjektiv)? oder was (Nomen)? = 1 Wort
> Zeile 2 : was ist so? oder was ist das? = 2 Wörter
> Zeile 3: wo ist es oder was tut es? = 3 Wörter
> Zeile 4: etwas über sich selbst oder über das Nomen erzählen = 4 Wörter
> Zeile 5: ein Schlusswort = 1 Wort

2 | Hören | Sprechen | Lesen | **Schreiben** |
Machen Sie selbst ein Projekt

a) Bitte sammeln Sie im Kurs Ideen und wählen Sie ein Thema für Ihr Projekt.

1. Beschreiben Sie einen Platz an Ihrem Kursort.
2. Stellen Sie eine Person oder eine Firma aus Ihrem Kursort vor.
3. Machen Sie Interviews an Ihrem Kursort: Was ist interessant in …? Was ist typisch hier?

b) Lesen Sie noch einmal das Arbeitsblatt in Aufgabe 1 c auf Seite 20 und planen Sie dann Ihr Projekt.

Grammatik

1 Präpositionen → S. 151

an, auf, in – mit Dativ oder Akkusativ

	m	f	n	Pl
wo?	an dem = am Brunnen auf dem Platz in dem = im Bus	an der Kreuzung auf der Bank in der S-Bahn	an dem = am Haus auf dem Fahrrad in dem = im Café	an den Marktständen auf den Straßen in den Zügen

Regel: Wo? → an, auf, in mit Dativ.

	m	f	n	Pl
wohin?	an den Brunnen auf den Platz in den Bus	an die Kreuzung auf die Bank in die S-Bahn	an das = ans Haus auf das Fahrrad in das = ins Café	an die Marktstände auf die Straßen in die Züge

Regel: Wohin? → an, auf, in mit Akkusativ.

2 W-Wörter: *welcher, welche, welches, welche* → S. 134, 149

	m	f	n	Pl
Nominativ	welcher Rock	welche Farbe	welches Kleid	welche Schuhe
Akkusativ	welchen Rock	welche Farbe	welches Kleid	welche Schuhe
Dativ	welchem Rock	welcher Farbe	welchem Kleid	welchen Schuhen

Regel: Das Fragewort welch- und der bestimmte Artikel haben die gleichen Endungen.

3 Die Verbposition: *welch-*

		Position 2	
Welche Schuhe	sind	teuer?
Welche Farbe	hat	das Kleid?
Welche Größe	haben	Sie?

Regel: Das Verb steht auf Position 2.

4 Modalverben → S. 143

	dürfen	wollen
ich	darf	will
du	darfst	willst
er • sie • es	darf	will
wir	dürfen	wollen
ihr	dürft	wollt
sie • Sie	dürfen	wollen

5 Die Satzklammer: die Modalverben → S. 136, 143

	Verb (Modalverb)	Satzmitte	Satzende (Infinitiv)
Ich	will	das Lebkuchenhaus	sehen.
Hier	darf	man nicht	fotografieren.
Was	wollen	Sie	wissen?
	Dürfen	wir ein Interview	machen?

Satzklammer

hundertfünf
105

8

Lektion 9 — Eine Stadt im Dreiländereck: Basel

1 Das Dreiländereck

Hören | Sprechen | **Lesen** | **Schreiben**

In der Schweiz, in Deutschland oder in Frankreich? Lesen Sie die Landkarte.

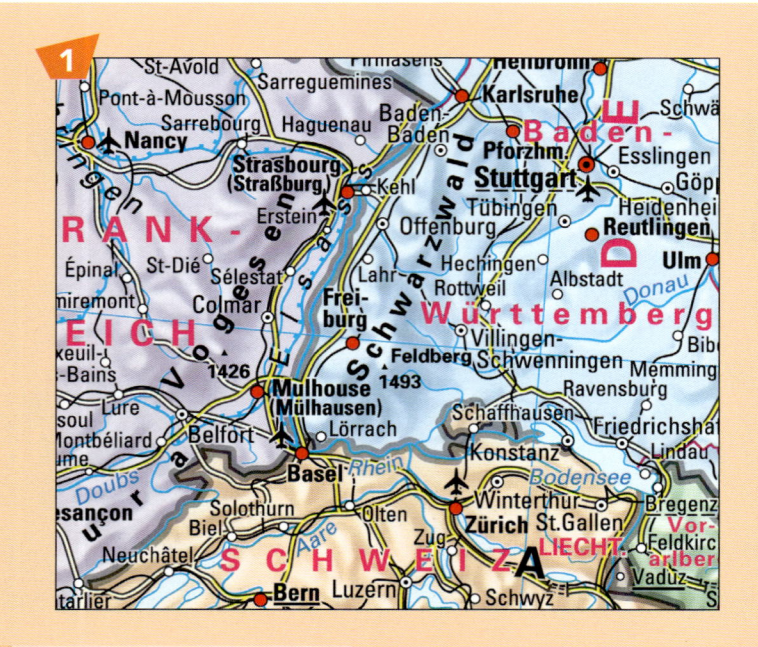

1. Das Elsass ist eine Region in _____.
2. Der Schwarzwald ist ein Gebirge in _____.
3. Basel-Land ist ein Kanton in _____.
4. Mulhouse ist eine Stadt in _____.
5. Basel liegt in _____.
6. Lörrach ist eine Kleinstadt in _____.

hundertsechs
106

2 So spricht man im Dreiländereck

Hören | Sprechen | Lesen | Schreiben 48–50

Was hören Sie? Notieren Sie die Dialognummer.

☐ Schweizerdeutsch ☐ Deutsch ☐ Französisch

3 Die Schweiz und Basel – einige Informationen

Hören | Sprechen | **Lesen** | Schreiben

a) Ergänzen Sie.

| Kultur und Geschichte | produzieren | Stadt | ~~mehrsprachig~~ | Dreiländereck |
| Grenzgänger | liegt am | Chemie-Industrie | nach | Euro |

1. Die Schweiz besteht aus 26 Kantonen wie z. B. dem Kanton Basel-Stadt und dem Kanton Basel-Land. Das Land ist _mehrsprachig_: Man spricht Deutsch, Französisch, Italienisch und Rätoromanisch.
2. Die Stadt Basel _____ Rheinknie direkt an der Grenze zu Deutschland und zu Frankreich. Basel liegt also in einem _____. In Deutschland und Frankreich bezahlt man mit _____, in der Schweiz mit Schweizer Franken.
3. Aus der ganzen Welt kommen Menschen _____ Basel und arbeiten z. B. in den internationalen Firmen. Besonders wichtig für die Stadt ist die _____. Mehrere große Pharmakonzerne _____ Medikamente für den weltweiten Export.
4. Täglich pendeln viele Leute vom Land in die _____ zur Arbeit. Das bedeutet natürlich viel Verkehr und Staus auf den Straßen von Basel. Die Pendler aus Deutschland und Frankreich heißen übrigens _____.
5. Interessieren Sie sich vielleicht für _____? Dann sind Sie in Basel richtig: Hier gibt es jede Menge interessante Gebäude, Museen, Theater, Konzerte und andere Veranstaltungen.

b) Für welche Textabschnitte gibt es ein Foto?

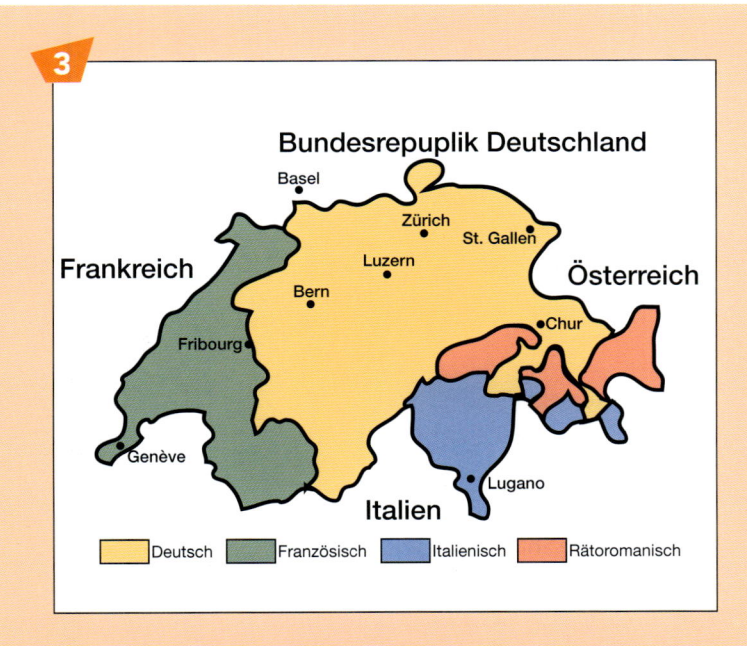

hundertsieben 107

9

Stadt und Land

Urs Tschäni:
verheiratet, 1 Kind,
Elektriker, Hobby:
wandern

Reto Stämpfli:
verheiratet, 2 Kinder,
Polizist, Hobby:
Akkordeon spielen,
singen

Emil Maurer:
ledig, Chauffeur bei der
Post, Hobby: joggen,
Filme sehen

Beat Leuenberger:
geschieden, 1 Kind,
Programmierer, Hobby:
Velo fahren

1 Auf dem Land oder in der Stadt leben?

Hören | Sprechen | **Lesen** | Schreiben

a) Sortieren Sie die Argumente für *das Leben in der Stadt* und *gegen das Leben in der Stadt*.

Urs Tschäni, Reto Stämpfli, Emil Maurer und Beat Leuenberger leben in Kilchberg im Kanton Basel-Land. Das ist ein Ort ungefähr 30 Kilometer südlich von Basel. Die meisten Kilchberger arbeiten in Basel, auch die Freunde Beat, Urs, Reto und Emil. Was ist besser? Auf dem Land leben und in der Stadt arbeiten? Oder in der Stadt wohnen und arbeiten? Beat, Urs, Reto und Emil diskutieren am Stammtisch. Hier sind einige Argumente aus ihrer Diskussion.

	für die Stadt	gegen die Stadt
1. Die Mieten in Basel sind viel höher als hier.	☐	X
2. In Basel ist alles teurer als in Kilchberg.	☐	☐
3. Aber in Basel ist mehr los. Da ist das Kulturangebot größer.	☐	☐
4. Hier in Kilchberg kann ich bei meinen Eltern wohnen. Das ist billiger.	☐	☐
5. Das Leben in Basel ist einfach interessanter als das Landleben.	☐	☐
6. Hier in Kilchberg leben wir gesünder.	☐	☐
7. Die Luft hier ist besser und sauberer.	☐	☐
8. Ich möchte lieber in Basel wohnen. Da kann ich morgens länger schlafen.	☐	☐
9. Für unsere Kinder ist es hier besser als in Basel.	☐	☐

b) Basel-Stadt und Basel-Land. Ein Vergleich.

① In Basel ist alles — A besser als in Basel.   1 C
② Das Stadtleben ist   B höher als auf dem Land.   2 ☐
③ Die Luft in Kilchberg ist   C teurer als in Kilchberg.   3 ☐
④ Die Mieten in Basel sind   D länger als die Pendler.   4 ☐
⑤ Die Leute in Basel schlafen   E interessanter als das Landleben.   5 ☐
⑥ Wohnen in Kilchberg ist   F billiger als in Basel.   6 ☐

hundertacht

2 Schreiben und verstehen: der Komparativ

Adjektiv	Komparativ	Adjektiv	Komparativ	Adjektiv	Komparativ
interessant	interessant___	hoch	höher	gut	
billig		lang		gern	lieber
teuer	teur___	groß		viel	mehr
sauber	sauber___	gesund			

3 In der Stadt oder auf dem Land leben? Beat, Urs, Reto und Emil diskutieren

Was denken Sie, wer sagt was? Lesen Sie noch einmal Aufgabe 1 a.

Emil Das Leben in Basel ist einfach interessanter als in Kilchberg.
Reto Das Landleben ist ...

4 Und Ihre Meinung?

a) Was passt zusammen?

freundlich / unfreundlich
groß / klein
interessant / uninteressant
hoch / niedrig
teuer / billig
gut / schlecht
ruhig / laut
sauber / schmutzig
zufrieden / unzufrieden

1. Leute: _freundlich, ruhig, ..._
2. Luft: _____
3. Straßen: _____
4. Einkaufsmöglichkeiten: _____
5. Mieten: _____
6. Kulturangebot: _____

b) Großstadt, Kleinstadt, Dorf – was finden Sie besser?

– Ich wohne in einer Kleinstadt. Da sind die Straßen sauberer als in der Großstadt.
– Aber in der Großstadt sind die Einkaufsmöglichkeiten ...
– Auf dem Dorf sind die Mieten ...

hundertneun
109

Pendeln – aber wie?

1 Hören | Sprechen | **Lesen** | **Schreiben**
Welches Verkehrsmittel passt am besten?

a) Lesen Sie bitte.

Morgens 30 Kilometer nach Basel fahren und abends 30 Kilometer zurück. Aber wie? Mit dem Auto? Mit dem Zug? Mit dem Bus? Was ist am besten?

Urs Tschäni	Ich fahre nicht mit dem Auto. Ich nehme immer den Zug oder den Bus. Der Bus ist am bequemsten. Der fährt direkt zu meiner Firma und ich kann Zeitung lesen oder ein bisschen schlafen.
Reto Stämpfli	Ich muss mit dem Auto fahren. Meine Arbeitszeiten sind sehr unregelmäßig. Für mich ist das Auto am besten. Das fährt auch noch um zwei Uhr nachts.
Emil Maurer	Am schnellsten ist der Zug. Da gibt es keinen Stau. In Basel muss ich umsteigen in das Tram. Trotzdem bin ich mit Zug und Tram am schnellsten.
Beat Leuenberger	Jetzt ist Sommer. Da fahre ich am liebsten mit dem Velo. Das ist zwar nicht am schnellsten, aber am billigsten und am sportlichsten. Und es macht Spaß.

b) Was ist am …?

Urs: Der Bus ist am bequem_____.
Reto: Das _____ ist am _____.
Emil: Der _____ und das _____ sind _____ _____.
Beat: Das _____ ist _____ _____ und _____ _____.

2 Hören | Sprechen | Lesen | **Schreiben**
Schreiben und verstehen: der Superlativ

Adjektiv	Komparativ	Superlativ	
bequem	bequemer	am	bequemsten
schnell	schneller	am	schnell_____
sportlich	sportlicher		
gut	besser		
gern	lieber		

9 hundertzehn
110

3 Verkehrsmittel

*Hören · **Sprechen** · Lesen · Schreiben*

Sprechen Sie im Superlativ.

der Bus	gut schnell
das Tram	billig
das Auto	sportlich
das Velo	bequem
der Zug	langsam
das Motorrad	

Ich nehme das Velo. Das ist am sportlichsten.

Ich fahre mit dem Tram. Das ist am ...

4 Anders gesagt: so ... wie ...

*Hören · Sprechen · **Lesen** · Schreiben*

Lesen Sie Aufgabe 1 a noch einmal und ergänzen Sie bitte.

1. Das Auto ist _so_ schnell _wie_ der Zug und der Bus.
2. Das Auto ist _nicht_ _so_ bequem _wie_ der Zug und der Bus.
3. Der Zug ist fast _so_ bequem _wie_ der Bus.   *fast = nearly*
4. Für Reto Stämpfli sind der Zug und der Bus _____ _____ gut wie das Auto.
5. Mit dem Auto ist Emil Maurer nicht _____ _____ _____ mit dem Zug und dem Tram.
6. Das Fahrrad ist _____ _____ schnell _____ das Auto oder der Zug.
7. Aber Pendeln mit Auto oder Zug ist _____ _____ sportlich _____ mit dem Fahrrad.
8. Außerdem ist das Fahrrad _____ _____ teuer _____ das Auto.

5 Verkehrsmittel und ihre Vor- und Nachteile

*Hören · **Sprechen** · Lesen · Schreiben*

a) Vergleichen Sie.

der Zug	die Straßenbahn	das Flugzeug	das Fahrrad
das Motorrad	das Auto	der Bus	...
praktisch	langsam	umweltfreundlich	sportlich
teuer	leise	gefährlich	...

▶ Das Fahrrad ist umweltfreundlicher als das Auto.
◁ Der Bus ist nicht so bequem wie die Straßenbahn.
▶ Das Motorrad ist am gefährlichsten.

b) Diskutieren Sie.

Ich nehme lieber das Fahrrad. Das ist sportlicher.

Ich fahre am liebsten mit dem Zug. Das ist am umweltfreundlichsten.

Arbeiten in Basel

1 | Hören | Sprechen | Lesen | Schreiben | ▶▶ 51
Frau Bürgi und Herr Eberle im Gespräch

a) *Bitte hören Sie. Wo findet das Gespräch statt?*

☐ in der Kantine ☐ im Büro

b) *Hören Sie noch einmal. Richtig* **r** *oder falsch* **f** *?*

1. Frau Bürgi arbeitet erst 3 Monate in der Firma. _____ **r f**
2. Herr Eberle ist schon seit 17 Jahren Grenzgänger. _____ **r f**
3. In Deutschland verdient man mehr Geld als in der Schweiz. _____ **r f**
4. In Basel gibt es weniger Arbeitsplätze als in Weil am Rhein. _____ **r f**
5. Das Leben in Deutschland ist nicht so teuer wie in der Schweiz. _____ **r f**
6. Frau Bürgi verbringt ihre Wochenenden gern in Frankreich. _____ **r f**

2 | Hören | Sprechen | **Lesen** | Schreiben
Wer arbeitet in Basel?

a) *Lesen Sie bitte.*

Basel hat ungefähr 200 000 Einwohner, aber rund 160 000 Menschen haben einen Arbeitsplatz in Basel. Das heißt: Viele Menschen kommen täglich zur Arbeit nach Basel, aber sie wohnen nicht in der Stadt. Aus dem Umland von Basel pendeln jeden Tag ungefähr 50 000 Menschen nach Basel. Aus Frankreich kommen 18 000 Grenzgänger zur Arbeit in die Schweiz, aus Deutschland sind es rund 10 000 täglich. Herr Eberle z. B., Pendler und Grenzgänger, wohnt in Weil am Rhein in Deutschland und arbeitet in der Schweiz. Jeden Tag fährt er von zu Hause über die Grenze nach Basel. Die meisten Grenzgänger finden bei den Basler Pharmakonzernen Arbeit. Bei Banken, beim Zoll, in Kaufhäusern und in der Chemie-Industrie gibt es ebenfalls viele Arbeitsplätze. Auch Herr Eberle arbeitet bei einem Pharmakonzern. Er ist Chemielaborant.

b) *Eine Statistik. Ergänzen Sie die Zahlen.*

1. Arbeitsplätze in Basel gesamt: _____
2. Pendler aus der Schweiz: _____
3. Grenzgänger aus Deutschland und Frankreich: _____
4. Pendler und Grenzgänger gesamt: _____

3 | Hören | Sprechen | **Lesen** | Schreiben
Was kann man sagen?

1. zur Arbeit — sein / (fahren)
2. aus Frankreich — wohnen / kommen
3. von zu Hause — kommen / bleiben
4. zur Arbeit — pendeln / wohnen
5. bei einer Firma — pendeln / arbeiten
6. zu einer Bank — gehen / arbeiten

9 hundertzwölf
112

4 Schreiben und verstehen: die Präpositionen *aus, bei, von, zu* + Dativ

	Woher? ?→	Wo? ?	Wohin? →?
m	aus *dem* Pharmakonzern	bei *dem* = beim Zoll	zu *dem* = zum Zoll
f	aus *der* Stadt	bei *der* Arbeit	zu *der* = zur Arbeit
n	aus ___ Umland	bei *dem* = beim Kaufhaus	zu *dem* = zum Kaufhaus
Pl	aus *den* Pharmakonzernen	bei ___ Pharmakonzernen	zu ___ Pharmakonzernen
m	von ___ = *vom* Zoll		
f	von ___ Arbeit		
n	von *dem* = ___ Land		
Pl	von ___ Pharmakonzernen		

5 Grenzgänger Herr Eberle

Ergänzen Sie bitte Präpositionen und Endungen.

Herr Eberle pendelt täglich *von* sein*em* Haus in Weil am Rhein _____ Arbeit nach Basel. Er arbeitet _____ ein____ Pharmakonzern. Seine Kollegen kommen fast alle _____ Frankreich, Deutschland oder _____ d____ Umland von Basel. Meistens fährt Herr Eberle mit dem Auto und morgens geht das auch ganz gut. Aber _____ sein____ Firma nach Hause _____ sein____ Familie dauert die Fahrt länger. Abends ist immer viel Verkehr.

6 Woher? Wo? Wohin?

Bilden Sie Sätze.

steigen, warten, gehen, fahren, sein, arbeiten, wohnen, kommen

bei, von, zu, aus

Eltern, Brunnen, Schwimmbad, Marktstände, Post, Grenze, Zug, Zoll

▶ Wo wartest du? ◁ Ich warte beim Brunnen.
▶ Wohin fährt er? ◁ Er fährt zu …
▶ Woher kommen Sie? ◁ Ich komme aus Frankreich.

Basel international

1 Frau Bürgi über ihre Kollegen
*Hören · Sprechen · **Lesen** · Schreiben*

a) Was sagt Frau Bürgi? Lesen Sie bitte.

Ich arbeite erst seit 3 Monaten in der Firma, aber ich finde den Job gut. Bei uns arbeiten Leute aus vielen Ländern. Natürlich habe ich nicht zu allen Kontakt, ich kenne eigentlich nur die Kollegen aus der Exportabteilung. Ich arbeite gern mit ihnen zusammen. Mit einer Kollegin bin ich besonders befreundet. Sie ist schon lange in der Firma und ich lerne viel von ihr. Sie kommt aus Indien und spricht nur Englisch mit mir. Ein Kollege kommt aus dem Libanon. Er arbeitet bei mir im Büro und spricht besser Französisch als Deutsch. Mein Chef ist Schweizer. Er ist in Ordnung, ich habe keine Probleme mit ihm. Er ist sehr freundlich zu uns. Übrigens kommt er aus dem Tessin. Seine Muttersprache ist Italienisch.

b) Bitte ergänzen Sie.

1. Die Kollegin von Frau Bürgi ist _Inderin_____. Sie kommt aus _____.
2. Sie spricht _____ mit Frau Bürgi.
3. Der libanesische Kollege spricht _____ und _____.
4. Der Chef ist _____ aus dem Tessin. Seine Muttersprache ist _____.

2 Schreiben und verstehen: das Pronomen (Dativ)
*Hören · Sprechen · Lesen · **Schreiben***

Nominativ	ich	du	er • sie • es	wir	ihr	sie • Sie
Dativ		dir	ihm		euch	Ihnen

3 Mit wem sprechen Sie oft, gern oder nicht gern?
*Hören · **Sprechen** · Lesen · Schreiben*

Chef   Freunde   Eltern   Kollegen   Bruder   Kolleginnen   Schwester

▶ Mein Chef? Ich spreche oft mit ihm.   ◁ Meine Freunde? Ich spreche gern mit …

4 Hören und sprechen: sch, st, sp
***Hören** · **Sprechen** · Lesen · Schreiben* ⏩ 52

Hören Sie und markieren Sie. Wo hören Sie den Laut sch nicht?

1. sprechen – Schweiz – Stadt – (erst) – schreiben
2. Muttersprache – Arbeitsplatz – Regenschirm – Großstadt – mitspielen
3. verschieden – Broschüre – Dienstag – Gespräch – verstehen
4. Deutsch – selbst – Französischkurs – Fisch – Mensch
5. Beispiel – Marktstand – am teuersten – Schuhe – bestellen

hundertvierzehn

5 Internationale Kollegen

*Hören | Sprechen | Lesen | **Schreiben***

Woher kommen die Leute? Welche Sprache sprechen sie?

Land	Person (m)	Person (f)	Adjektiv
1. _____	der Inder	die *Inderin*	indisch
2. Italien	der Italiener	die _____	_____
3. Südafrika	der _____	die Südafrikanerin	_____
4. die Schweiz	der _____	die Schweizerin	schweizerisch
5. die Niederlande (Pl.)	der Niederländer	die _____	_____
6. der Libanon	der Libanese	die Libanesin	_____
7. die Türkei	der _____	die Türkin	_____
8. _____	der Russe	die _____	_____
9. _____	der _____	die _____	chinesisch
10. Tschechien	der Tscheche	die _____	_____
11. _____	der Franzose	die Französin	_____
12. _____	der Deutsche	die Deutsche	_____

6 Nationalitäten und Sprachen bei Ihnen

*Hören | **Sprechen** | Lesen | Schreiben*

Sprechen Sie im Kurs.

- Woher kommen Sie?
- Welche Nationalität haben Sie?
- Ich bin Inderin.
- Ich spreche …
- Welche Sprachen sprechen Sie?
- Welche Nationalitäten sind in Ihrem Deutschkurs?
- In meinem Deutschkurs sind vier Italiener, …
- …?
- …
- Ich komme aus …

hundertfünfzehn
115

Aus der Basler Zeitung

1 Hören | Sprechen | **Lesen** | Schreiben
Zeitungstext und Überschrift – was passt zusammen?

Bitte schreiben Sie den passenden Buchstaben auf.

1. ☐ Moderne Kunst für Kinder
2. ☐ Laufen Sie mit!
3. ☐ Basler Jazzsommer
4. ☐ Englisch und Deutsch die wichtigsten Fremdsprachen in der Schweiz
5. ☐ Wieder Masken auf Basels Straßen

A

17. Februar
Nächsten Montag um 4 Uhr früh beginnt die Basler Fasnacht mit dem Morgenstraich. In allen Straßen gehen die Lichter aus und es erklingt Pfeifen- und Trommelmusik. Die Musiker tragen alte traditionelle Masken und haben darauf eine kleine „Kopflaterne" montiert. Die Gaststätten servieren den hungrigen Gästen schon am frühen Morgen Fasnachtsspezialitäten: Mehlsuppe und Zwiebelwähe. Aber Vorsicht! Der restliche Montag ist ein ganz normaler Arbeitstag.

B

10. August
Es ist wieder so weit. Wie jedes Jahr am zweiten Freitag im August findet das beliebte Jazzfestival in der Basler Altstadt statt. Internationale Jazzbands spielen in Basels Innenhöfen, auf dem Marktplatz, am Spalenberg und in oder vor den Restaurants. Wie immer gilt auch dieses Mal: Wer zuerst kommt, bekommt die besten Plätze.

C

3. März
Laut Bundesamt für Statistik ist Mehrsprachigkeit im Schweizer Berufsleben weit verbreitet, in der Deutschschweiz und im rätoromanischen Sprachgebiet deutlich mehr als in der französischen und italienischen Schweiz. Interessanterweise ist in der französischen Schweiz Englisch und nicht Deutsch die Fremdsprache Nummer eins. Hingegen liegt in der Deutschschweiz Französisch als Fremdsprache vor Englisch. In den italienischen und rätoromanischen Sprachgebieten lernt man lieber Deutsch als Französisch oder Englisch.

D

12. November
Ein Tipp für Familien:
In speziellen Führungen möchte das **Museum Jean Tinguely** auch Kindern die Kunst des 20. Jahrhunderts näherbringen. Was ist da besser geeignet als die heiteren und fantasievollen Maschinenskulpturen des berühmten Schweizer Künstlers Jean Tinguely? (Ab 7 Jahre, Führungstermine siehe Tagespresse)

E

2. November
Wie jedes Jahr veranstaltet die Basler Zeitung am 24. November einen Stadtlauf durch Basel. Sie können in verschiedenen Kategorien starten. Die Strecke beträgt je nach Kategorie zwischen einem und zehn Kilometer. Der Start ist am Münsterplatz um 17.20 Uhr, das Ziel am Marktplatz. Schriftliche Anmeldungen sind noch möglich bis 17. November bei Basler Stadtlauf, Postfach 40 02, Basel, oder unter www.stadtlauf.ch.

9 hundertsechzehn

Grammatik

1 Die Komparation
→ S. 155

Adjektiv	Komparativ	Superlativ
schnell	schneller	am schnellsten
praktisch	praktischer	am praktischsten
sportlich	sportlicher	am sportlichsten
teuer	teurer	am teuersten
interessant	interessanter	am interessantesten

Adjektiv	Komparativ	Superlativ
hoch	höher	am höchsten
groß	größer	am größten
alt	älter	am ältesten
gut	besser	am besten
gern	lieber	am liebsten
viel	mehr	am meisten

2 Der Vergleich
→ S. 137, 156

Der Vergleich mit **als**

Die Bahn ist schneller als das Fahrrad.
Das Fahrrad ist nicht schneller als das Auto.

Der Vergleich mit **so ... wie**

Die Bahn ist so schnell wie der Bus.
Das Fahrrad ist nicht so schnell wie das Auto.

3 Die Präpositionen *aus, bei, von, zu*
→ S. 152

m	aus dem	Zug	bei dem = beim	Zoll
f	aus der	Stadt	bei der	Bank
n	aus dem	Umland	bei dem = beim	Kaufhaus
Pl	aus den	Kaufhäusern	bei den	Banken
m	von dem = vom	Arbeitsplatz	zu dem = zum	Zoll
f	von der	Firma	zu der = zur	Arbeit
n	von dem = vom	Haus	zu dem = zum	Kaufhaus
Pl	von den	Freunden	zu den	Arbeitsplätzen

Regel: **aus**, **bei** **von** und **zu** immer mit Dativ.

4 Das Pronomen: Dativ
→ S. 149

Nominativ	ich	du	er	sie	es	wir	ihr	sie	Sie
Akkusativ	mich	dich	ihn	sie	es	uns	euch	sie	Sie
Dativ	mir	dir	ihm	ihr	ihm	uns	euch	ihnen	Ihnen

hundertsiebzehn
117

Lektion 10 — Glückaufstraße 14, Bochum

1 Hören Sprechen **Lesen** Schreiben
Das Haus in der Glückaufstraße 14 und seine Wohnungen

Bitte tragen Sie die richtigen Wörter ein.

- ☐ Erdgeschoss, Laden, Hof, Garage, 4-Zimmer-Wohnung (Wohnzimmer, Esszimmer, Schlafzimmer, Kinderzimmer, Küche, Bad)
- ☐ erster Stock, 4-Zimmer-Wohnung, Balkon
- ☐ *1* zweiter Stock, 2-Zimmer-Wohnung (Wohnzimmer, Schlafzimmer, Küche, Bad), Balkon
- ☐ dritter Stock: 2-Zimmer-Wohnung, Balkon
- ☐ Dachgeschoss, 1-Zimmer-Appartement (Zimmer mit Küchenzeile, Bad)
- ☐ die Treppe im Treppenhaus

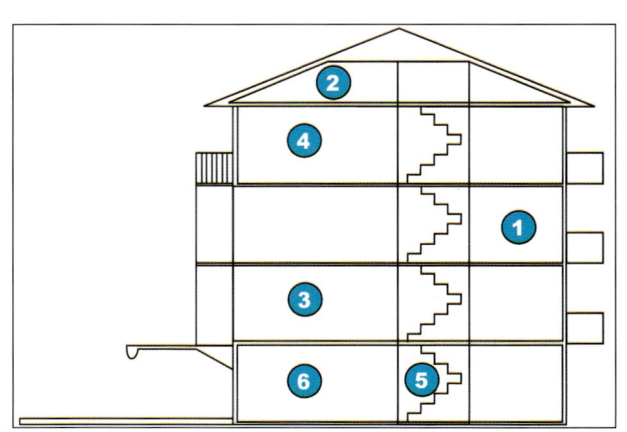

hundertachtzehn

2 Was passt? Wer sagt was?

Hören | Sprechen | **Lesen** | Schreiben

1. Kerstin Schmittke: Satz Nr. 3
2. Otto Grabowski: Satz Nr. _____
3. Frau Alak: Satz Nr. _____
4. Tao Gui: Satz Nr. _____
5. Jochen Krause: Satz Nr. _____
6. Federica Petrera: Satz Nr. _____

1. Darf es etwas mehr sein?
2. Zurzeit bin ich Hausmann, das macht mir großen Spaß!
3. Pro Woche mache ich mindestens 10 Überstunden.
4. Meine Eltern kommen aus Italien, aber ich bin in Deutschland geboren.
5. Ich war Bergmann von Beruf, heute bin ich Frührentner.
6. Bei uns müssen die Studenten mehr Prüfungen machen als in Deutschland.

1. Otto Grabowski (62), Frührentner und nebenbei Hausmeister, verheiratet mit Thekla Grabowski (59), Floristin, zwei erwachsene Kinder

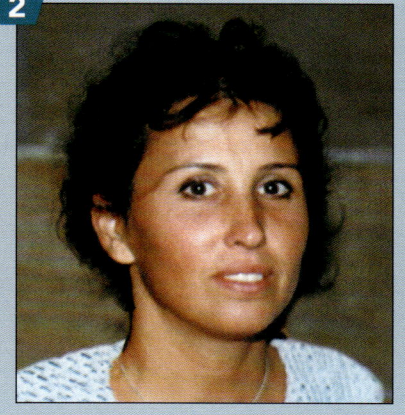

2. Birgül Alak (42), Ladenbesitzerin, verheiratet mit Ergin Alak (46); drei Kinder: Tarkan (17), Emre (15), Sevgi (12)

3. Tao Gui (21), an der Fachhochschule Bochum als Austausch-Student aus Singapur (Elektrotechnik)

4. Federica Petrera (25), Telekom-Angestellte, Wohngemeinschaft mit Kerstin Schmittke (27), Marketingassistentin

5. Jochen Krause (32), Zahntechniker, verheiratet mit Silke Lipski-Krause (31), Bankangestellte, zwei Kinder: Anna-Lena (4) und Benjamin (11 Monate)

hundertneunzehn 119

10

Die Zeche Helene

1 Hören | Sprechen | **Lesen** | Schreiben
Eine Zeche im Ruhrgebiet

a) Welche Bildunterschrift gehört zu welchem Foto?

1. Die Zeche Helene heute. Hier kann man seine Freizeit aktiv verbringen: Sport machen, in die Sauna gehen, Freunde treffen, im Café sitzen …   Foto Nr. _____
2. Die Zeche Helene 1958. Hier hat man fast 100 Jahre lang Kohle abgebaut, die Bergleute haben dort hart gearbeitet.   Foto Nr. _____

b) Welche Sätze passen zu welchem Bild?

1. Von 1870 bis 1958 war die Zeche Helene ein Bergwerk.   Foto Nr. _____
2. Hier musste man hart arbeiten: Ein Bergmann konnte oft eine ganze Woche lang kein Tageslicht sehen.   Foto Nr. _____
3. Heute muss man hier nicht mehr arbeiten. Die Zeche Helene ist seit 1997 ein Sport- und Freizeitzentrum.   Foto Nr. _____
4. Man kann hier Sport machen und es gibt außerdem eine Sauna, ein Solarium und im Sommer einen Biergarten.   Foto Nr. _____
5. Frauen durften nicht in der Zeche arbeiten. Die Arbeit war körperlich zu anstrengend und gefährlich.   Foto Nr. _____
6. Kinder dürfen dienstags und donnerstags mitkommen: Von 16 bis 18 Uhr bietet das Zentrum ein Programm für Kinder an.   Foto Nr. _____

2 Hören | **Sprechen** | Lesen | Schreiben
Die Zeche Helene früher und heute

Was können Sie jetzt über die Fotos 1 und 2 sagen?

> Die Zeche Helene war früher …

> Heute kann man in der Zeche Helene …

3 Kerstin Schmittke und Otto Grabowski in der Zeche Helene

Hören Sie und nummerieren Sie.

- [ ] Möchten Sie etwas trinken?
- [ ] Prost, Herr Grabowski.
- [ ] Ich komme zwei- bis dreimal pro Woche ins Fitness-Studio.
- [ ] Was machen Sie denn hier?
- [ ] Ich treffe meine Kollegen von früher.
- [1] Was für eine Überraschung!
- [ ] Ich arbeite in Essen.
- [ ] Also, zum Wohl, Frau Schmittke!

4 Was machen Sie denn hier?

a) *Arbeiten Sie zu zweit. Wählen Sie eine Situation und schreiben Sie einen Dialog.*

1. Sie treffen jemanden aus Ihrem Sprachkurs zufällig auf dem Markt.
2. Sie treffen eine Kollegin oder einen Kollegen von früher zufällig in einer Kneipe.
3. Sie treffen eine Freundin oder einen Freund zufällig auf einer Party.

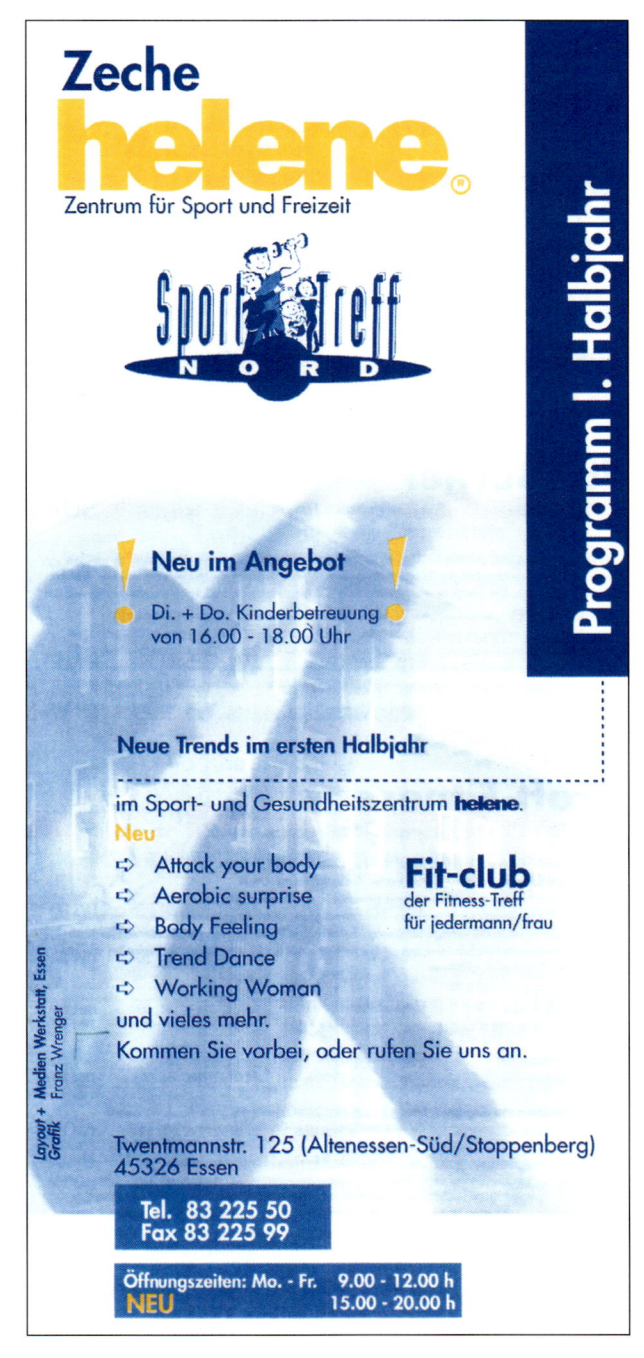

- Was für eine Überraschung!
- So ein Zufall!
- Ich habe Sie ja schon ewig nicht mehr gesehen!
- Wie geht es dir denn so?
- Was hast du denn in letzter Zeit so gemacht?
- Erzählen Sie doch mal!
- Wohnen Sie immer noch in …?
- Arbeitest du immer noch bei …?
- …
- Wie geht es Ihrer Familie?

So ein Zufall! _____

b) *Spielen Sie den Dialog im Kurs vor.*

hunderteinundzwanzig
121

Zwei Biografien

1 Hören | Sprechen | Lesen | Schreiben ▶▶ 54
Die Arbeit von Otto Grabowski in der Zeche

Richtig (r) *oder falsch* (f)?

1. Otto Grabowski hat 1917 mit der Arbeit in der Zeche angefangen. _____ r f
2. Er musste früher jeden Samstag arbeiten. _____ r f
3. Er musste nie Nachtschicht machen. _____ r f
4. Der Chef in der Zeche durfte nie zu spät kommen. _____ r f
5. Die Kollegen von Otto Grabowski waren sympathisch. _____ r f
6. Er konnte früher ein bisschen Türkisch sprechen. _____ r f

2 Hören | Sprechen | Lesen | Schreiben
Kerstin Schmittke erzählt

a) Lesen Sie den Text. Lösen Sie dann Aufgabe b).

Kerstin Schmittke: Ich arbeite in einer Internetfirma als Marketingassistentin. Eigentlich finde **(1)** _____ die Arbeit gut, aber ich muss so viele Überstunden machen: pro Woche mindestens 10!

Otto Grabowski: Oh, das ist ja furchtbar!

Kerstin Schmittke: Wissen Sie, eigentlich wollte ich früher etwas ganz anderes machen. Ich wollte Stewardess werden. Fliegen **(2)** _____ super! Aber meine Eltern wollten das nicht.

Otto Grabowski: Warum denn nicht?

Kerstin Schmittke: Ach, mein Vater hat gesagt: Das ist zu **(3)** _____ .

Otto Grabowski: Da **(4)** _____ er Recht!

Kerstin Schmittke: Na ja. Aber mein Vater hat immer alles für uns bestimmt, wir durften nichts selbst entscheiden. Meine Schwester wollte Schreinerin werden. Da hat er gesagt: Das ist **(5)** _____ Beruf für Mädchen! Sie musste dann Friseurin werden und bei meiner Mutter im Friseursalon arbeiten.

Otto Grabowski: Ihr Vater wollte doch sicher nur das Beste für Sie. Kommen Sie, trinken wir noch **(6)** _____ !

b) Welches Wort passt in die Lücke?

1. a) ☐ mich   b) ☒ ich
2. a) ☐ ist   b) ☐ bin
3. a) ☐ gefährlicher b) ☐ gefährlich
4. a) ☐ hattest   b) ☐ hatte
5. a) ☐ kein   b) ☐ keine
6. a) ☐ nichts   b) ☐ etwas

10 hundertzweiundzwanzig
122

3 Schreiben und verstehen: Modalverben im Präteritum

	müssen	können	dürfen	wollen
ich	musste	konnte	durfte	wollte
du	musstest	konntest	durftest	wolltest
er • sie • es	musste	konnte	durfte	wollte
wir	mussten	konnten	durften	wollten
ihr	musstet	konntet	durftet	wolltet
sie • Sie	mussten	konnten	durften	wollten

4 Zwei Biografien

a) Bitte notieren Sie. Was wissen Sie über die Personen?

Otto Grabowski

früher: war Bergmann

heute: ist Frührentner

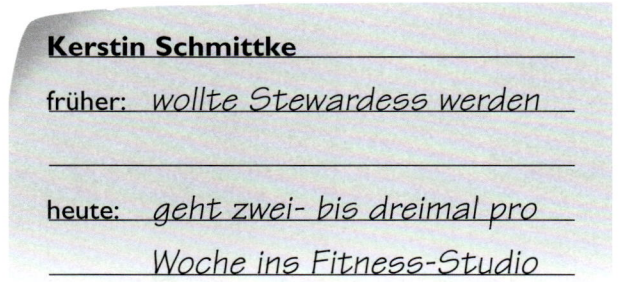

Kerstin Schmittke

früher: wollte Stewardess werden

heute: geht zwei- bis dreimal pro Woche ins Fitness-Studio

b) Und jetzt erzählen Sie.

- Otto Grabowski war früher ...
- Kerstin Schmittke wollte ...

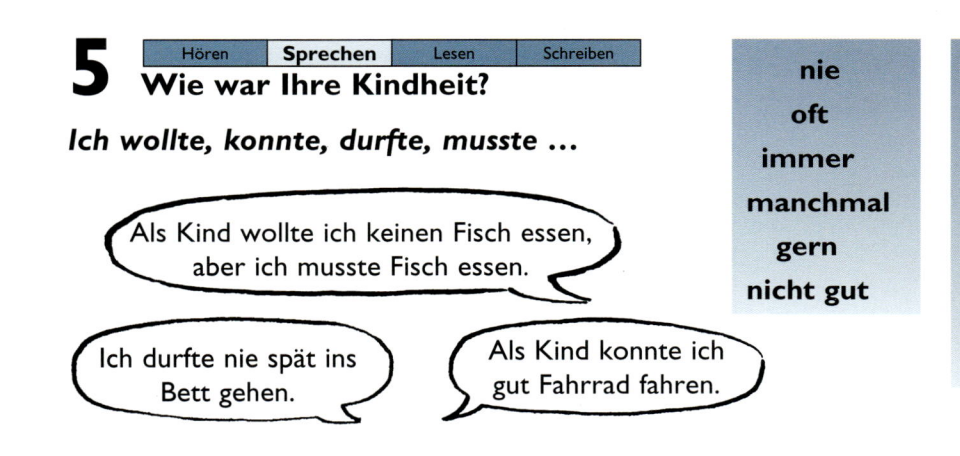

5 Wie war Ihre Kindheit?

Ich wollte, konnte, durfte, musste ...

nie
oft
immer
manchmal
gern
nicht gut

spät ins Bett gehen
ein Instrument spielen
Fahrrad fahren
Jeanshosen tragen
Fisch essen
die Küche aufräumen
Coca-Cola trinken
Fußball spielen

- Als Kind wollte ich keinen Fisch essen, aber ich musste Fisch essen.
- Ich durfte nie spät ins Bett gehen.
- Als Kind konnte ich gut Fahrrad fahren.

hundertdreiundzwanzig
123

Lebensmittel Alak

1 Hören | Sprechen | **Lesen** | Schreiben
Eine Anzeige von Lebensmittel Alak

a) 5 Zeichnungen. Bitte nummerieren Sie.

- ☐ die Packung
- ☐ [1] der Kasten
- ☐ die Schachtel
- ☐ die Dose
- ☐ das Glas

LEBENSMITTEL ALAK
Frisch und günstig – Sonderangebote

Obst und Gemüse	Span. Kopfsalat, Stück	€ –,55
	Bananen, 1 kg	€ 1,19
	Dtsch. Bodenseeäpfel, 1 kg	€ –,99
	türk. Tomaten, 1 kg	€ 1,55
	Orangen, 1 kg	€ –,99
	Sieglinde-Kartoffeln, 10 kg	€ 2,99
Lebensmittel	Jacobs-Krönung-Kaffee, 500 g	€ 3,99
	Oliven in Dosen, ½ kg	€ 1,49
	Himalaya-Reis, 5-kg-Packung	€ 4,45
	Mehl, 1-kg-Paket	€ 0,40
	Merci-Pralinen, Schachtel	€ 1,49
Fleisch- und Wurstwaren	Putenschnitzel, 100 g	€ –,69
	Lamm-Hackfleisch, 1 kg	€ 6,99
Molkereiprodukte	Schafskäse, 500 g	€ 4,99
	H-Milch, 3,5 % Fett, 1-l-Tüte	€ –,49
	Natur-Joghurt, 500-g-Glas	€ 1,90
	Qualitätsbutter, ½ Pfd.	€ 1,05
Getränke	Traubensaft, Kasten (12 Fl.), m. Pfand	€12,99
	Franz. Natur-Wasser, 1,5-l-Fl.	€ –,79

Jeden Dienstag frischen Fisch!
Glückaufstraße 14, 44793 Bochum. 🅿 beim Haus

b) Was bedeuten die Abkürzungen?

das Pfund   der Deziliter   das Gramm   ~~das Dekagramm~~   der Liter   das Kilogramm

1. 10 dag (= _1 Dekagramm/10 Gramm_)
2. 1 l   (= _____)
3. 4 kg   (= _____)
4. 3 Pfd. (= _____)
5. 100 g   (= _____)
6. 1 dl   (= _____)

2 Hören | **Sprechen** | Lesen | Schreiben
Eine Werbeanzeige

a) Lesen Sie die Anzeige. Fragen Sie.

▶ Wie viel kostet 1 Kilo Bananen?
◁ 1 Kilo Bananen kostet 1,19 €.
▶ Wie viel kosten …?
◁ … kosten … €.

b) Sie kaufen ein. Was sagen Sie?

- 100 Gramm Käse, bitte.
- Ich möchte bitte ein Kilo Tomaten.
- Ich hätte gern ein …

10 hundertvierundzwanzig
124

3 Herr Krause kauft ein

Hören Sie den Dialog und ergänzen Sie.

| Darf es etwas mehr sein? | Kann ich bitte eine Tüte haben? | ~~Darf es sonst noch etwas sein?~~ |
| Geschnitten oder am Stück? | Haben Sie sonst noch einen Wunsch? |

Frau Alak Guten Tag, Herr Krause! Was bekommen Sie?
Herr Krause Guten Tag, Frau Alak. Ich hätte gern ein Kilo Birnen. Sind sie denn auch reif?
Frau Alak Ja, und süß! *Darf es sonst noch etwas sein?*
Herr Krause Bitte noch 100 Gramm Appenzeller Käse.
Frau Alak _____
Herr Krause Am Stück, bitte.
Frau Alak Ah, jetzt sind es 135 Gramm. _____
Herr Krause Ja, gern.
Frau Alak _____
Herr Krause Danke, das ist alles.
Frau Alak 3,49 €, bitte.
Herr Krause _____
Frau Alak Natürlich, macht 10 Cent. Also, auf Wiedersehen und schönen Abend noch!
Herr Krause Danke, gleichfalls! Tschüs!

4 Eine neue Kundin bei Lebensmittel Alak

Was hören Sie wirklich? Bitte korrigieren Sie.

1. Kann man bei Ihnen ~~Fisch~~ *Leergut* _____ abgeben?
2. Haben Sie heute beim Gemüse etwas im ~~Leergut~~ _____ ?
3. ~~Putenschnitzel~~ _____ brauche ich noch.
4. Haben Sie frischen ~~Nachtisch~~ _____ ?
5. Dann nehme ich zwei ~~Zwiebeln~~ _____ , mager bitte!
6. Ich suche noch etwas zum ~~Sonderangebot~~ _____ .

5 Sie organisieren ein Fest

a) Wählen Sie eine Situation und diskutieren Sie.

1. Es ist Sommer. Sie machen am Nachmittag mit Ihrer Großfamilie ein Picknick.
2. Sie laden 20 Personen zu Ihrer Geburtstagsparty am Abend ein.
3. Sie feiern mit 12 Kollegen im Büro Ihre Beförderung.

- Wir brauchen 25 Bratwürste.
- Wir müssen … kaufen.
- Nein, … brauchen wir nicht.
- Ich esse kein …

b) Und jetzt gehen Sie einkaufen. Spielen Sie Dialoge im Kurs.

hundertfünfundzwanzig
125

Meinungen über das Ruhrgebiet

1 Hören | Sprechen | **Lesen** | **Schreiben**
Eine Umfrage in der Zeitung „Ruhr Nachrichten"

a) Bitte lesen Sie.

Stefanie Fritsch (19), Auszubildende, Herne
Also, ich denke, dass die Verkehrsverbindungen im Ruhrgebiet sehr gut sind. Die Entfernungen zwischen den Städten sind nicht groß und man kommt mit der S-Bahn in jede Stadt. Ich zum Beispiel wohne in Herne und mache in Gelsenkirchen meine Ausbildung.

Federica Petrera (25), Telekom-Angestellte, Bochum
Ich finde es gut, dass es im Ruhrgebiet so viele Freizeitmöglichkeiten gibt. Bloß in meiner Wohnung gefällt es mir nicht mehr. Ich wohne in einer Wohngemeinschaft. Zu zweit in einer 2-Zimmer-Wohnung, das ist einfach viel zu eng! Ich suche gerade eine Wohnung, weil ich endlich allein wohnen möchte.

Renate Pokanski, Kauffrau (59), Essen
Unsere Industriegeschichte ist über 150 Jahre alt. Kohle und Stahl aus dem Ruhrgebiet waren für Deutschland sehr wichtig. Viele Industriegebäude sind heute Museen geworden – das ist gut so. Ich meine, dass man hier sehr viel über die Vergangenheit lernen kann.

Friedrich Bertsch (52), Stahlarbeiter, Oberhausen
Früher war das Ruhrgebiet für uns Arbeiter da, heute will man uns nicht mehr. Überall braucht man nur noch Kopfarbeiter. Ich bin arbeitslos geworden, weil man die Stahlfabrik in Duisburg geschlossen hat. Ich finde es nicht gut, dass Leute wie ich nur noch schwer eine Arbeit finden können.

José Manuel Rodrigues (36), Mechaniker, Gelsenkirchen
Na ja, es ist natürlich nicht so schön wie in Portugal, aber ich bin in Portugal und im Ruhrgebiet zu Hause. Mir gefällt es hier sehr gut, weil im Ruhrgebiet Menschen aus vielen Ländern leben. Links von mir wohnen Türken, rechts Kroaten, oben Polen und unten Deutsche. Und wir sind alle zusammen für den gleichen Fußballverein: Schalke 04.

b) Eine Überschrift passt zu der Umfrage. Welche? Kreuzen Sie an.

1. ☐ Kohle und Stahl aus dem Ruhrgebiet für den Export in die ganze Welt
2. ☐ Die meisten Menschen im Ruhrgebiet sind mit ihrem Wohnort zufrieden
3. ☐ Das Ruhrgebiet – keine internationale Region

c) Was meinen die Leute?

1. Stefanie sagt, dass *die Entfernungen zwischen den Städten nicht groß sind.*
2. Renate Pokanski sagt, dass _____.
3. José Manuel Rodrigues gefällt es hier, weil _____.
4. Federica Petrera findet es gut, dass _____.
   Sie sucht eine Wohnung, weil *sie* _____.
5. Friedrich Bertsch ist arbeitslos geworden, weil _____.
   Er findet es nicht gut, dass *Leute wie er* _____.

2 Schreiben und verstehen: Nebensätze

dass-Sätze:

| Ich denke, | dass | die Verkehrsverbindungen gut | | . |
| Frau Pokanski sagt, | | man hier viel | | . |

weil-Sätze:

| Ich suche eine andere Wohnung, | | mir meine Wohnung nicht mehr | gefällt | . |
| Warum? | | ich allein | | wohnen möchte. |

3 Wo wohnen Sie?

a) Gefällt Ihnen Ihr Wohnort?

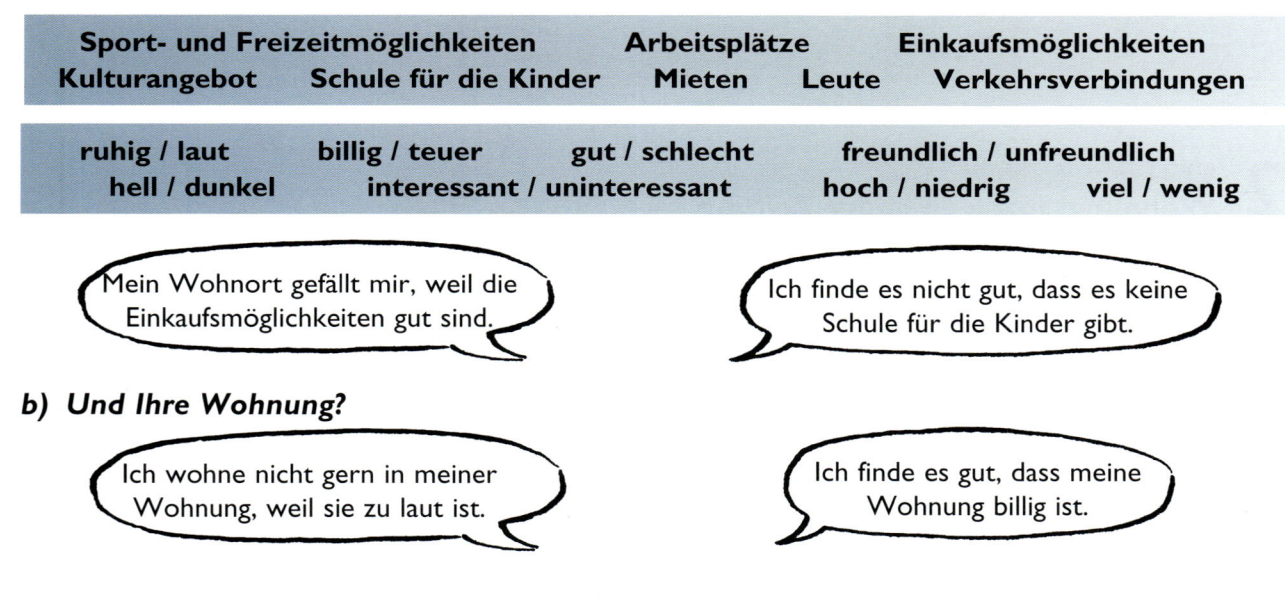

Sport- und Freizeitmöglichkeiten   Arbeitsplätze   Einkaufsmöglichkeiten
Kulturangebot   Schule für die Kinder   Mieten   Leute   Verkehrsverbindungen

ruhig / laut   billig / teuer   gut / schlecht   freundlich / unfreundlich
hell / dunkel   interessant / uninteressant   hoch / niedrig   viel / wenig

> Mein Wohnort gefällt mir, weil die Einkaufsmöglichkeiten gut sind.

> Ich finde es nicht gut, dass es keine Schule für die Kinder gibt.

b) Und Ihre Wohnung?

> Ich wohne nicht gern in meiner Wohnung, weil sie zu laut ist.

> Ich finde es gut, dass meine Wohnung billig ist.

4 Hören und sprechen: die Intonation

Was hören Sie: Geht die Stimme so (→) oder so (↘)? Markieren Sie.

1. Federica Petrera sucht eine Wohnung (↘). Sie will endlich alleine leben (↘).
   Federica Petrera sucht eine Wohnung (→), weil sie endlich alleine leben will (↘).
2. José Manuel Rodrigues gefällt es im Ruhrgebiet ( ). Hier leben Menschen aus vielen Ländern ( ).
   José Manuel Rodrigues gefällt es im Ruhrgebiet ( ), weil hier Menschen aus vielen Ländern leben ( ).
3. Man kann in den Museen viel über die Vergangenheit lernen ( ). Renate Pokanski findet das gut ( ).
   Renate Pokanski findet gut ( ), dass man in den Museen viel über die Vergangenheit lernen kann ( ).
4. Friedrich Bertsch ist unzufrieden ( ). Er kann keine Arbeit mehr finden ( ).
   Friedrich Bertsch ist unzufrieden ( ), weil er keine Arbeit mehr finden kann ( ).

hundertsiebenundzwanzig
127

Wohnungssuche im Ruhrgebiet

1 Federica Petrera sucht eine Wohnung

a) Wie möchte Federica gern wohnen? Hören Sie und kreuzen Sie an.

1. Federica sucht eine ☐ 1-Zimmer-Wohnung ☐ 1,5-Zimmer-Wohnung ☐ 2-Zimmer-Wohnung.
2. Die Wohnung darf nicht mehr als ☐ 200 € ☐ 350 € ☐ 400 € kosten.
3. Sie möchte ☐ einen Garten ☐ einen Balkon oder eine Terrasse ☐ keinen Balkon haben.

b) Welche Wohnung passt zu Federica?

1 Neubau, 2½-Zi.-Whg. mit Südbalkon, Keller und Tiefgarage, zentrumsnah. Keine Haustiere. KM 380,– € + NK + Kt. Wittmann IMMOBILIEN Essen 02 01/87 46 02-0

2 Ruhige 1,5-Zi-Whg., 52 m², im Umland von Bochum, großer Garten (Gartenarbeit!), baldmöglichst zu vermieten. KM 270,– € + NK. Tel. 0 23 27/1 05 67

3 Zum 1. 5.: 2-Zi.-Whg., 56 m², 4. OG, Aufzug, Gasheizung, Hausmeisterservice. Tel. 01 79/7 94 46 24 (ab Montag)

4 2-Zi.-Whg. im Zentrum von Bochum, EG, kl. Terrasse, Miete 270,– € kalt + NK, auf Wunsch Stellplatz. Chiffre XO 3458

5 Von privat: 2-Zi.-Whg., 45 m², ruhig, in Mehrfamilienhaus, Dachterrasse, frei ab sofort, in Herne. KM 280,– € + NK 120,– € Tel. 02 23/89 96 58

2 Wohnungsanzeigen in der Zeitung

a) Was bedeuten die Abkürzungen?

die Kaltmiete   ~~die 2-Zimmer-Wohnung~~   die Kaution   das Obergeschoss
Nebenkosten (Pl.)   das Erdgeschoss   die Warmmiete   der Quadratmeter

1. 2-Zi.-Whg. = *die 2-Zimmer-Wohnung*
2. OG = _____
3. EG = _____
4. m² = _____
5. Kt. = _____
6. KM = _____
7. NK = _____
8. WM = _____

b) Lesen Sie noch einmal die Anzeigen in Aufgabe 1. Was wissen Sie?

	Wie groß?	Wie teuer?	Welcher Stock?	Balkon, Terrasse?
Wohnung Nr. 1	2 ½ Zimmer			
Wohnung Nr. 2				
Wohnung Nr. 3				
Wohnung Nr. 4				
Wohnung Nr. 5				

c) Bitte sprechen Sie über die Wohnungen:

Wohnung 3 ist ... m² groß. Sie kostet ... pro Monat.

Die Nebenkosten betragen ... . Die Wohnung ist im ... Stock.

Grammatik

1 Das Präteritum: die Modalverben *müssen, können, dürfen, wollen* → S. 143

	müssen	können	dürfen	wollen
ich	musste	konnte	durfte	wollte
du	musstest	konntest	durftest	wolltest
er • sie • es	musste	konnte	durfte	wollte
wir	mussten	konnten	durften	wollten
ihr	musstet	konntet	durftet	wolltet
sie • Sie	mussten	konnten	durften	wollten

2 Die Satzklammer: die Modalverben → S. 136, 143

	Verb (Modalverb)		Satzende (Infinitiv)
Früher	musste	Otto Grabowski am Samstag	arbeiten.
Als Kind	wollte	Kerstin etwas ganz anderes	machen.
Warum	durfte	Kerstin nicht Stewardess	werden?
	konnte	Otto Grabowski früher Türkisch	sprechen?

Satzklammer

3 Nebensätze → S. 137

Der Hauptsatz

	Verb		Satzende (Verb)
Die Verkehrsverbindungen	sind	gut.	
Federica	möchte	allein	wohnen.
Friedrich Bertsch	ist	arbeitslos	geworden.

Satzklammer

Der Nebensatz

Hauptsatz	Subjunktion		Satzende (Verb)
Stefanie sagt,	dass	die Verkehrsverbindungen gut	sind.
Federica sucht eine Wohnung,	weil	sie allein	wohnen möchte.
Herr Grabowski ist Frührentner,	weil	er sehr hart	arbeiten musste.

Nebensatz

Regel: Der Nebensatz beginnt mit einer Subjunktion (Signalwort) und endet mit dem konjugierten Verb.

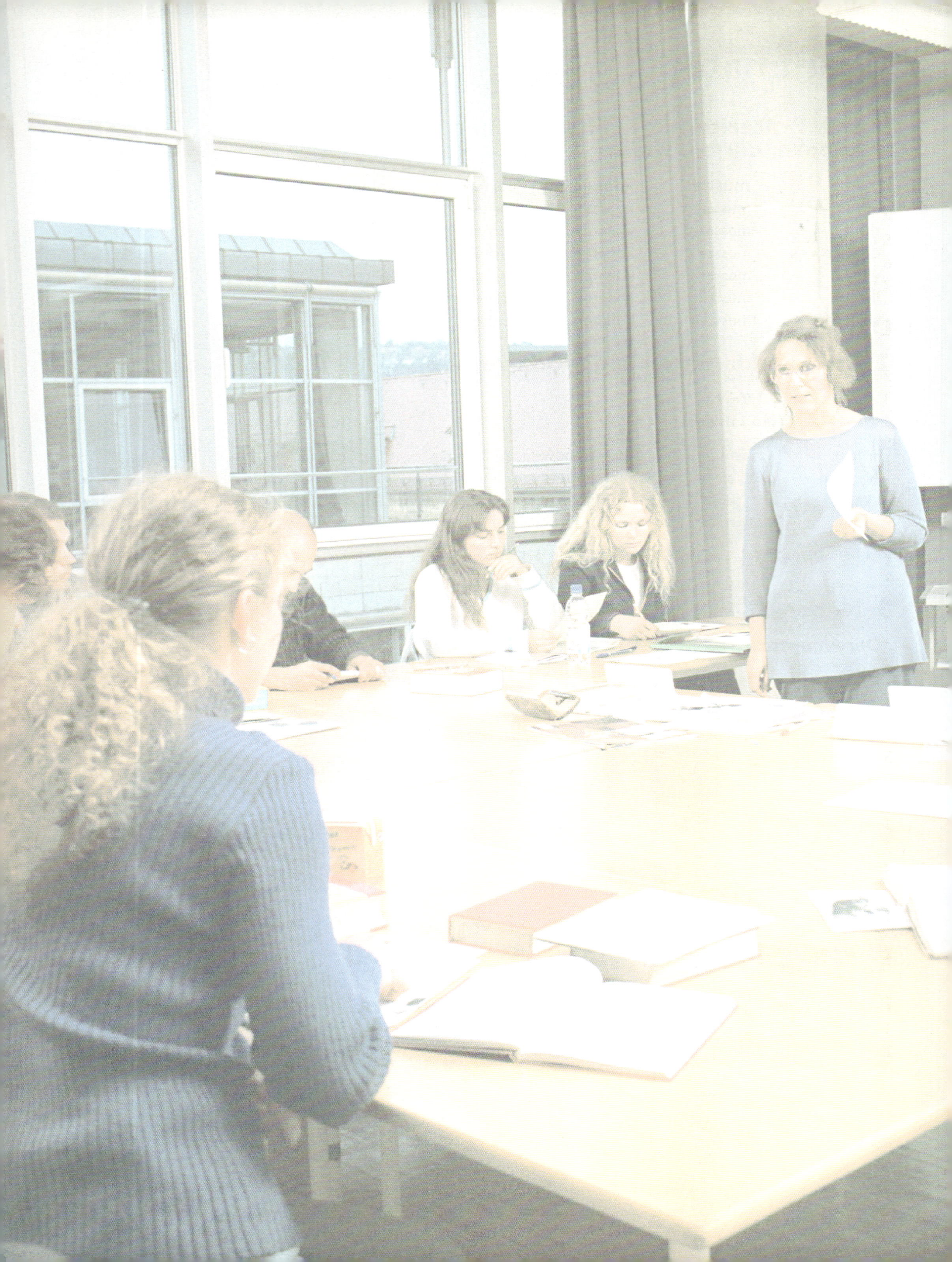

Inhalt der Grammatik

Der Satz ... **132**
1 Satzformen ... 132
2 Der Aussagesatz ... 132
3 Die Fragesätze ... 133
4 Fragesätze mit *-welch* ... 134
5 Der Imperativ-Satz ... 134
6 Die Satzklammer ... 135
7 Satzkombinationen: Hauptsatz und Nebensatz ... 137

Das Verb ... **138**
1 Das Präsens ... 138
2 Der Imperativ mit *Sie* ... 140
3 Das Perfekt ... 141
4 Das Präteritum von *haben, sein, es gibt* ... 142
5 Modalverben ... 143
6 Verben und ihre Objekte ... 144

Das Nomen ... **144**

Artikel und Artikelwörter ... **145**
1 Der unbestimmte und der bestimmte Artikel ... 146
2 Der negative Artikel ... 147
3 Der Possessivartikel ... 148
4 *Welch-* ... 149

Pronomen und W-Wörter ... **149**
1 Die Pronomen *ich, du, er • sie • es, wir, ihr, sie / Sie* ... 149
2 Das Pronomen *man* ... 150
3 W-Wörter ... 151

Präpositionen ... **151**
1 Orts- oder Richtungsangaben ... 151
2 Zeitangaben ... 153
3 Andere Präpositionen ... 154

Adverbien ... **154**

Die Negation (Verneinung) ... **155**

Komparation und Vergleiche ... **155**
1 Komparation ... 155
2 Vergleiche ... 156

Grammatik
131

Sätze und Satzkombinationen

1 Satzformen

In der Regel hat jeder Satz im Deutschen ein **Subjekt** und ein **Verb**.

Frau Schmidt schläft.
Barbara steht auf.
Anna und Thomas fahren nach Süddeutschland.

Es gibt auch weitere **Satzteile**.

Timo fotografiert den Münsterplatz.	Akkusativ-Objekt (wen? was?)
Kennen Sie den Film? Ich finde ihn sehr spannend.	
Martin Miller arbeitet in Deutschland.	Ortsangabe (wo?)
Bernd Binger ist nicht hier.	
Heute gehen wir ins Café.	Richtungsangabe (wohin? woher?)
Boris kommt aus Russland.	
Kostas arbeitet auch am Wochenende.	Zeitangabe (wann?)
Der Zug kommt jetzt an.	
Der Kaffee ist kalt.	*sein* + Adjektiv
Marlene Steinmann ist Fotografin.	*sein* + Nomen

Man kann zwei Sätze mit *und*, *aber*, *oder* kombinieren. **und**, **aber**, **oder** stehen **zwischen Satz 1 und Satz 2**. Das **Verb** steht auf seiner **normalen Satzposition**.

Satz 1		Satz 2
Hören Sie die Dialoge	und	nummerieren Sie.
Heute arbeite ich,	aber	morgen habe ich Zeit.
Fahren Sie nach Wien	oder	bleiben Sie hier?

2 Der Aussagesatz → L1, 4

Das **Verb** steht auf **Position 2**.

	Position 2	
Anna	kommt	aus Polen.
Sie	lernt	in Bremen Deutsch.
Martin Miller	reist	viel.

Das **Subjekt** steht im Deutschen **vor oder nach dem Verb**.

	Position 2	
Frau Schmidt	macht	Urlaub.
Du	wohnst	in München.
Vielleicht	kommt	ihr einmal nach Köln.

Tipp Das Subjekt bestimmt die Verb-Endung:
Ich fahre nach Berlin.
Heute kommt Martin.

Grammatik

Auch andere Elemente können auf Position 1 stehen, z. B. ein Adverb, das Akkusativ-Objekt oder ein anderer Satzteil.

Heute fährt Frau Mohr nach Brüssel.

▶ Siehst du den Michel und den Fernsehturm?
◁ Den Michel kann ich nicht sehen, aber den Fernsehturm sehe ich.

▶ Möchtest du nach Berlin fahren?
◁ Nach Berlin fahre ich nicht gerne, die Stadt ist teuer!

Das Akkusativ-Objekt kann in der **Satzmitte** (meistens) oder auf **Position 1** stehen. Vergleiche dazu auch S. 144 (Verben und ihre Objekte).

Position 1		Satzmitte	
▶ „Ich	beobachte	einen Hund."	
◁ „Einen Hund	beobachtest	du?	
	Siehst	du ihn denn?	
Ich	kann	keinen Hund	sehen!"

Tipp: In der Satzmitte steht das Akkusativ-Objekt nach dem Subjekt.

Die Negation *nicht* steht nach den Objekten, aber vor der Orts- oder Richtungsangabe.

			nicht		
Meine Mutter	kauft	das Buch	nicht.		
Er	sagt	seinen Namen	nicht.		
Emil Maurer	wohnt		nicht.	in Basel.	
Gestern	ist	Beat	nicht	nach Luzern	gefahren.

3 Die Fragesätze → L1, 3, 5, 8

W-Fragen → L1, 3, 5

Mit W-Fragen fragt man nach bestimmten Informationen. Das **Verb** steht auf **Position 2**, das **W-Wort** steht auf **Position 1**.

Frage			Mögliche Antwort
	Position 2		
Wer	ist	das?	Frau Schmidt. (Das ist Frau Schmidt.)
Wie	heißt	er?	Christian Hansen. (Er heißt Christian Hansen.)
Wo	wohnen	Sie?	In Frankfurt. (Ich wohne in Frankfurt.)
Woher	kommt	Herr Opong?	Aus Afrika. (Er kommt aus Afrika.)
Wohin	fahrt	ihr jetzt?	Nach München. (Wir fahren nach München.)
Was	fehlt	hier?	Der Artikel. (Der Artikel fehlt.)
Wann	findet	das Casting statt?	Um 10 Uhr. (Es findet um 10 Uhr statt.)
Wofür	brauchst	du Geld?	Für ein Auto. (Ich brauche Geld für ein Auto.)

Grammatik

Ja-/Nein-Fragen → L1, 5

Mit Ja-/Nein-Fragen will man wissen: Stimmt das? Ist das richtig? *Ja* oder *nein*?
Das **Verb** steht auf **Position 1**.

Frage		Mögliche Antwort
Position 1		
Kommst	du aus Russland?	Ja. (Ich komme aus Russland.)
Sind	Sie Herr Bauer?	Nein, mein Name ist Hansen.
Ist	das Ihr Buch?	Ja, danke.
Fängt	der Film jetzt an?	Nein, noch nicht.

Tipp Das Verb steht auf **Position 1**, das **Subjekt** steht **direkt hinter dem Verb**.

Bei negativen (verneinten) Fragen antwortet man mit *doch* oder *nein*.

Frage		Mögliche Antwort
Position 1		
Kommen	Sie nicht mit?	Doch, ich komme gern mit.
		Nein, ich habe keine Zeit.
Hast	du kein Auto?	Doch, natürlich.
		Nein, ich fahre Fahrrad.

4 Fragesätze mit *welch-* → L8

Das Fragewort *welch-* steht zusammen mit dem Nomen auf **Position 1**.

Position 1			
Welcher Tag	ist	heute?	
Welche Farbe	hat	das Kleid?	Vergleiche dazu auch S. 145
Welches Auto	ist	billig?	(Artikel und Artikelwörter).

5 Der Imperativ-Satz → L1

Das **Verb** steht auf **Position 1**.

Position 1	
Schreiben	Sie.
Lesen	Sie bitte.
Sprechen	Sie bitte langsam.

Hier verwendet man den Imperativ:

- Bitten und Aufforderungen:
  Markieren Sie bitte.
  Bitte suchen Sie im Text.
- Rat, Tipp: Lernen Sie die Nomen immer mit Artikel und Plural.

Tipp Bei Bitten und Aufforderungen verwendet man meist *bitte*. Ohne *bitte* ist der Imperativ oft unfreundlich. *bitte* kann auch vor dem Verb stehen: Bitte hören Sie den Dialog.

Grammatik
134

6 Die Satzklammer → L2, 3, 4, 6, 7, 8, 10

Viele Verben haben im Satz zwei Teile. Der eine Teil (die Verbform mit Person) steht auf **Position 2 oder 1**, der andere am **Satzende**. Die beiden Verbteile bilden eine **Satzklammer**.

		Verb	Satzmitte	Satzende
Aussagesatz	Frau Mainka	möchte	gern	mitmachen.
W-Frage	Wer	füllt	das Formular	aus?
Ja-/Nein-Frage		Gehst	du oft	ins Kino?
Imperativ		Sprechen	Sie bitte	nach.

Satzklammer

Die Satzmitte kann unterschiedlich gefüllt sein:

Ich spiele Tennis.
Ich spiele oft Tennis.
Ich spiele sehr oft Tennis.
Ich spiele sehr oft mit Peter Tennis.

Die Satzklammer hat viele Formen:
– trennbare Verben (fängt ... an)
– zweiteilige Verben (hört ... Musik)
– Modalverb + Infinitiv (muss ... gehen)
– Perfekt: *sein / haben* + Partizip Perfekt (hat ... gemacht; ist ... gegangen)
– *sein* + Adjektiv / Nomen (ist ... schön; ist ... Lehrerin)

Tipp Vergessen Sie den zweiten Verbteil nicht – er bringt wichtige Informationen:
Ich spiele oft Tennis / Karten / Fußball.

Die Satzklammer hat viele Formen:
trennbare Verben (fängt ... an)
zweiteilige Verben (hört ... Musik)
Modalverb + Infinitiv (muss ... gehen)
Perfekt: *sein / haben* + Partizip Perfekt (hat ... gemacht; ist ... gegangen)
sein + Adjektiv / Nomen (ist ... schön; ist ... Lehrerin)

Sätze mit trennbaren Verben → L3

Trennbare Verben bilden eine Satzklammer. Sie haben ein Präfix (eine Vorsilbe), z. B. an- (anfangen). Der **erste Verbteil** (das Präfix, die Vorsilbe) steht am **Satzende**, der **zweite Verbteil** (die Verbform mit Person) steht auf **Position 2 oder 1**.

	Verb		Satzende (Präfix)
Die Show	fängt	um 20 Uhr	an.
Wer	spielt	heute	mit?
	Findet	das Casting heute	statt?
	Lesen	Sie bitte	vor.

Satzklammer

Grammatik

Sätze mit Modalverben → L3, 4, 8, 10

Das **Modalverb** steht auf **Position 2 oder 1**, der **Infinitiv** steht am **Satzende**.

	Verb (Modalverb)		Satzende (Infinitiv)
Tanja	will	mehr von Nürnberg	kennen lernen.
Wir	möchten	nach Italien	fahren.
Wo	kann	Frau Egli	einkaufen?
	Können	Sie das bitte	wiederholen?
Otto	konnte	früher Türkisch	sprechen.
	Dürfen	wir im Garten	spielen?
Hier	darf	man nicht	rauchen.
Kerstin	durfte	nicht Stewardess	werden.
Die Marktfrau	muss	am Samstag	arbeiten
Die Bergleute	mussten	hart	arbeiten.

Satzklammer

Tipp In Sätzen mit Modalverben und trennbaren Verben steht das trennbare Verb im Infinitiv am Satzende: Ich möchte sofort ⟨an|fangen⟩.

Tipp Modalverben kann man manchmal auch ohne Infinitiv verwenden:
Ich möchte einen Kaffee. (= Ich möchte einen Kaffee haben.)
Ich kann Deutsch. (= Ich kann Deutsch sprechen.)
Ich muss nach Hause. (= Ich muss nach Hause gehen.)

Sätze im Perfekt → L6

Im **Perfekt** bilden alle Verben eine Satzklammer. *haben* oder *sein* stehen auf **Position 2 oder 1**, das Partizip Perfekt steht am **Satzende**.

	Verb (haben / sein)		Satzende (Partizip Perfekt)
Gestern	ist	Frau Mohr nach Brüssel	gefahren.
Sie	hat	dort einen Freund	getroffen.
	Sind	Sie schon einmal in Brüssel	gewesen?
Heute	hat	der Tag früh	angefangen.
Um 6 Uhr	bin	ich schon	aufgestanden.
Dann	habe	ich die Betten	gemacht.
Was	hat	Valentina	mitgebracht?

Satzklammer

Grammatik

Sätze mit sein + Adjektiv / Nomen → **L2, 5, 9**

Das Verb *sein* steht auf **Position 2 oder 1**, das **Adjektiv** bzw. das **Nomen** steht am **Satzende**.

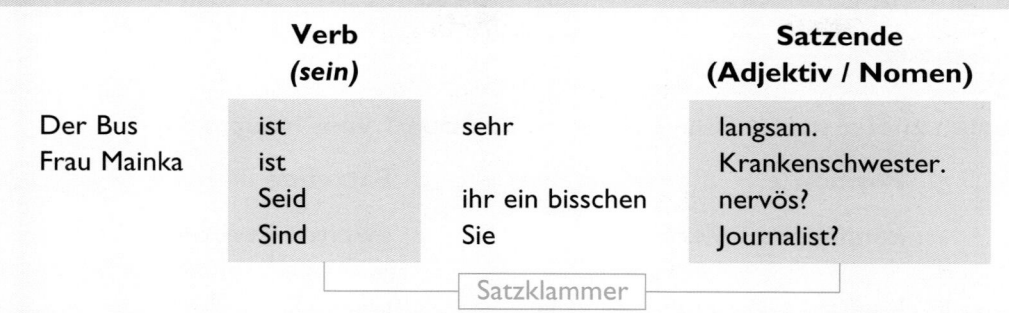

	Verb (sein)		**Satzende** (Adjektiv / Nomen)
Der Bus	ist	sehr	langsam.
Frau Mainka	ist		Krankenschwester.
	Seid	ihr ein bisschen	nervös?
	Sind	Sie	Journalist?

Satzklammer

als + Nomen / Adverb und **wie + Nomen / Adverb** stehen meistens **nach dem Satzende**.

	Verb		**Satzende**	**als / wie + Nomen / Adverb**
Berlin	ist	viel	größer	als Nürnberg.
Er	hat	gestern mehr	gearbeitet	als heute.
	Ist	Basel so	anstrengend	wie Zürich?
Früher	ist	man nicht so viel	gereist	wie heute.

Satzklammer

7 Satzkombinationen: Hauptsatz und Nebensatz → **L10**

Viele Verben haben im Satz zwei Teile. Dann gibt es im Hauptsatz eine **Satzklammer**: Das konjugierte Verb steht auf **Position 2 oder 1**, der zweite Teil des Verbs steht am **Satzende**.

	Verb	**Satzmitte**	**Satzende**
Heute	hat	der Tag früh	angefangen.
	Kommst	du morgen	mit?

Satzklammer

Bei Nebensätzen steht auf **Position 1** die **Subjunktion**, am Ende steht das **konjugierte Verb**.

Hauptsatz	**Subjunktion**	**Satzmitte**	**Satzende (Verb)**
…,	weil	er jetzt	müde ist.
…,	dass	es nicht	geht.
…,	dass	du jetzt	kommen kannst.

Nebensatz

Tipp Die Satzmitte ist im Hauptsatz und im Nebensatz gleich.

Wenn es mehrere Verbteile gibt, steht das konjugierte Verb **ganz am Ende**.

	weil	er das noch nicht	gemacht hat.
…,	dass	du jetzt	kommen kannst.

Grammatik

Nebensätze kombiniert man fast immer mit einem Hauptsatz.

Ich glaube,	dass es nicht geht.
Er schläft,	weil er müde ist.
Hauptsatz	**Nebensatz**

Tipp Als Antwort kann ein Nebensatz auch allein stehen: „Warum kommt sie nicht?" „Weil sie keine Zeit hat."

Der Nebensatz kann auch **zuerst** stehen. Dann steht er auf **Position 1 vom Hauptsatz**.

Position 1	Position 2		Satzende
Nebensatz	konjugiertes Verb		zweiter Verbteil
Weil er in Berlin ist,	kann	er nicht	kommen.

So verwendet man die Subjunktionen:

Grund: Kerstin ist nicht Stewardess geworden, weil ihre Eltern das nicht wollten.

Die Subjunktion *dass* hat grammatische Funktion, sie verbindet den Nebensatz mit dem Hauptsatz:
Ich glaube: Er kommt bald. → Ich glaube, dass er bald kommt.

Das Verb

Grundprinzipien:

- Das Subjekt bestimmt die Verb-Endung:
  ich komm**e**   komm**st** du?   er • sie • es komm**t**
  wir komm**en**   komm**t** ihr?   sie • Sie komm**en**
- Das Verb bestimmt die übrigen Satzteile:
  Familie Daume beobachtet den Münsterplatz. | Akkusativ-Objekt
  Thomas Bauer wohnt in Bremen. | Ortsangabe

1 Das Präsens → L1

Regelmäßige Verben

		komm-en (Infinitiv)
Singular		
1. Person	ich	komm-e
2. Person	du	komm-st
3. Person	er • sie • es	komm-t
Plural		
1. Person	wir	komm-en
2. Person	ihr	komm-t
3. Person	sie	komm-en
	Sie	komm-en

Tipp *du, ihr* : familiäre Anrede (Familie, Freunde, junge Leute); *Sie*: formelle Anrede im Singular und Plural (fremde Erwachsene, formelle Situationen). Vgl. dazu auch S. 149/150 (Pronomen und W-Wörter).
Die Verbform ist identisch mit sie kommen (3. Person Plural).

Grammatik

Verben mit Vokalwechsel → L1, 4

Manche Verben ändern bei *du* und *er • sie • es* ihren Vokal. Alle anderen Formen sind im Präsens regelmäßig.

	a → ä: fahren	e → i: essen
ich	fahre	esse
du	fährst	isst
er • sie • es	fährt	isst
wir	fahren	essen
ihr	fahrt	esst
sie • Sie	fahren	essen

Ebenso

schlafen: du schläfst   sprechen: du sprichst
waschen: du wäschst   geben: du gibst
anfangen: du fängst an   treffen: du triffst
                          lesen: du liest
                          sehen: du siehst
                          nehmen: du nimmst

Tipp Nicht alle Verben mit *a* oder *e* haben Vokalwechsel.

Verben mit kleinen Varianten

Die Verben auf **-den, -ten** brauchen bei *du, er • sie • es* und *ihr* ein -e vor der Verb-Endung.

-den, -ten: finden, arbeiten, warten: du findest, er • sie • es arbeitet; ihr wartet

Die Verben auf **-ßen, -sen** brauchen bei *du* kein zusätzliches -s in der Verb-Endung.

-ßen, -sen: heißen, reisen, essen: du heißt, du reist, du isst

Trennbare Verben → L3

Im Deutschen gibt es viele trennbare Verben. Im Infinitiv sehen sie ganz normal aus: anfangen, mitmachen, mitspielen, nachsprechen, stattfinden, vorlesen usw.

Trennbare Verben haben ein betontes Präfix (eine betonte Vorsilbe). Es steht am **Satzende**. Mit dem zweiten Verbteil (Verbform mit Person) bildet es eine **Satzklammer**.

⟨mit|machen⟩   Sebastian Hahn [macht] am Montag auch ⟨mit⟩.
⟨aus|füllen⟩   Die Kandidaten [füllen] das Formular   ⟨aus⟩.
                                └──── Satzklammer ────┘

Grammatik

> Verben mit diesen Präfixen sind trennbar:

ab(fahren), an(fangen), auf(räumen), aus(füllen), ein(kaufen), mit(machen), nach(sprechen), vor(lesen), vorbei(gehen), weg(bringen), zurück(liegen)

Tipp Trennbare Präfixe sind betont. Lernen Sie die Verben mit der richtigen Betonung: anfangen, mitmachen, nachsprechen, stattfinden.

> Diese Verben haben auch zwei Teile und bilden eine **Satzklammer**:

Auto fahren, Fußball spielen, Musik hören, Platz nehmen, Deutsch sprechen, spazieren gehen, da sein, dran sein: Frau Mainka ist um 10 Uhr dran.

Untrennbare Verben → L7

> Verben mit diesen Präfixen sind untrennbar. Sie sind immer unbetont:

be-, ent- / emp-, er-, ge-, miss-, ver-, zer

bestellen, entdecken, empfangen, erzählen, gefallen, verkaufen, zerstören.

Unregelmäßige Verben

Diese Verben sind sehr häufig:

	sein	haben	werden	wissen
ich	bin	habe	werde	weiß
du	bist	hast	wirst	weißt
er • sie • es	ist	hat	wird	weiß
wir	sind	haben	werden	wissen
ihr	seid	habt	werdet	wisst
sie • Sie	sind	haben	werden	wissen

2 Der Imperativ mit *Sie* → L1

> Die Verbform des Imperativs mit *Sie* ist identisch mit der *Sie*-Form im Präsens.
> Aber das **Verb** steht auf **Position 1**.

Sie kommen   Kommen Sie.
Sie fangen an   Fangen Sie an.

Grammatik
140

3 Das Perfekt → L6, 7

Das Perfekt drückt die Vergangenheit aus. Man verwendet es vor allem in der gesprochenen Sprache, in der Konversation.

Die Form

Das Perfekt hat zwei Teile: eine Verbform von *haben* oder *sein* und das Partizip Perfekt. Beide Teile bilden eine **Satzklammer**. Die Verbform von **haben** oder **sein** steht auf **Position 2 oder 1**, das **Partizip Perfekt** steht am **Satzende**.

		Verb		Satzende
haben + Partizip Perfekt	Wir	haben	viel	gelacht.
		Hast	du das Zimmer	aufgeräumt?
sein + Partizip Perfekt	Gestern	sind	wir in Berlin	gewesen.
	Wer	ist	nach Erfurt	gefahren?

Satzklammer

Hilfsverb *haben* oder *sein*

Die meisten Verben bilden das Perfekt mit *haben*. Einige wichtige Verben bilden das Perfekt mit *sein*, z. B. Verben der Bewegung oder Veränderung.

- Bewegung: Kevin ist zu Fuß gegangen.
- Veränderung des Orts: Tanja ist nach Spanien geflogen.
- Veränderung eines Zustands: Sascha ist krank geworden.
- Geschehen: Was ist passiert?
- Außerdem: *sein* und *bleiben*: Wo ist Elisabeth gewesen? Sie ist in Erfurt geblieben.

Das Partizip Perfekt

Regelmäßige Verben

Das Partizip Perfekt der regelmäßigen Verben bildet man mit **ge-** und **-t**.

fragen → ge- frag -t   sagen → ge- sag -t
machen → ge- mach -t   wohnen → ge- wohn -t

Tipp Verben auf **-ten** haben die Endung **-et**: arbeiten → gearbeitet, heiraten → geheiratet, warten → gewartet

Grammatik
141

Unregelmäßige Verben

Das Partizip Perfekt der unregelmäßigen Verben bildet man mit **ge-** und **-en**.

fahren → ge- fahr -en   nehmen → ge- nomm -en
gehen → ge- gang -en   werden → ge- word -en

Tipp Bei den unregelmäßigen Verben ändert sich auch oft der wichtigste Vokal (der „Stammvokal") und manchmal die Konsonanten: helfen → geholfen, gehen → gegangen
Einige unregelmäßige Verben enden auf -t: bringen → gebracht, denken → gedacht

Tipp Lernen Sie die Verben immer so: sprechen – spricht – gesprochen. Eine Liste der wichtigen Verben finden Sie im Anhang (ab S. 157).

• Bei Verben mit **trennbaren Präfixen** steht -ge- **nach** dem trennbaren Präfix.

aufmachen   →   auf -ge- macht   ankommen   →   an -ge- kommen
aufräumen   →   auf -ge- räumt   abfahren   →   ab -ge- fahren
auswechseln →   aus -ge- wechselt   mitbringen →   mit -ge- bracht

• Einige regelmäßige und unregelmäßige Verben haben kein *ge-*:
Verben auf *-ieren*:
studieren → studier -t; reservieren → reservier -t
Verben mit untrennbarem Präfix:
bestellen → bestell -t, erklären → erklär -t, entdecken → entdeck -t
beginnen → begonn -en, empfangen → empfang -en, vergessen → vergess -en

Verben mit diesen Präfixen sind untrennbar. Sie sind immer unbetont:

be-, ge-, ent- / emp-, er-, ge-, miss-, ver-, zer

Tipp Alle Verben, die nicht auf der ersten Silbe betont sind, bilden das Partizip Perfekt **ohne ge-**.

4 Das Präteritum von *haben*, *sein*, *es gibt* → L5

Auch das Präteritum drückt Vergangenheit aus. Die Verben *haben*, *sein* und *es gibt* verwendet man meist im Präteritum, nicht im Perfekt.

	haben	sein	es gibt
ich	hatte	war	
du	hattest	warst	
er • sie • es	hatte	war	es gab
wir	hatten	waren	
ihr	hattet	wart	
sie • Sie	hatten	waren	

Grammatik

5 Modalverben → L4, 8, 10

Modalverben bilden mit dem Infinitiv eine **Satzklammer**.

	Verb (Modalverb)		**Satzende (Infinitiv)**	**Bedeutung:**
Wir	möchten	nach Italien	fahren.	**Wunsch**
Herbert	will	jetzt	anfangen.	**Absicht**
	Wollt	ihr schon	gehen?	
Jetzt	kann	Andrea den Unterricht	planen.	**Fähigkeit**
Sie	können	gern noch	bleiben!	**freundliche Erlaubnis**
Ihr	dürft	jetzt im Garten	spielen.	**Erlaubnis**
Meine Kinder	dürfen	nicht viel	fernsehen.	**Verbot**
Warum	musst	du schon	gehen?	**Notwendigkeit**

Satzklammer

Negation von *müssen* und *dürfen*:	**Bedeutung:**
„Du musst nicht aufräumen!"	Es ist nicht unbedingt notwendig, dass du aufräumst; du entscheidest selbst.
„Du darfst das nicht vergessen!"	Vergiss das auf keinen Fall! (Verbot)

Weitere Verwendung der Modalverben:

- *dürfen* und *können* machen Bitten, Aufforderungen und Einladungen freundlicher:
  Darf ich Sie etwas fragen? Können Sie mir bitte helfen?
- Wünsche drückt man mit *möchte* aus, *wollen* klingt nicht sehr freundlich:
  Ich möchte (gerne) fünf Brezeln und ein Weißbrot.
  (Ich will fünf Brezeln und ein Weißbrot.)

Modalverben im Präsens und im Präteritum

Die Modalverben haben im **Präsens** Singular nur in der zweiten Person eine Endung (*-st*); *können*, *müssen*, *wollen* und *dürfen* haben im Singular auch einen anderen Vokal.
Das **Präteritum** bildet man mit **-te**. Achtung: *möcht-* hat kein Präteritum.

	können	**müssen**	**wollen**	**dürfen**	**sollen**	**möcht-**
ich	kann	muss	will	darf	soll	möchte
du	kannst	musst	willst	darfst	sollst	möchtest
er • sie • es	kann	muss	will	darf	soll	möchte
wir	können	müssen	wollen	dürfen	sollen	möchten
ihr	könnt	müsst	wollt	dürft	sollt	möchtet
sie • Sie	können	müssen	wollen	dürfen	sollen	möchten

	können	**müssen**	**wollen**	**dürfen**	**sollen**
ich	konnte	musste	wollte	durfte	sollte
du	konntest	musstest	wolltest	durftest	solltest
er • sie • es	konnte	musste	wollte	durfte	sollte
wir	konnten	mussten	wollten	durften	sollten
ihr	konntet	musstet	wolltet	durftet	solltet
sie • Sie	konnten	mussten	wollten	durften	sollten

Tipp *möcht-* hat keinen Infinitiv

Grammatik
143

6 Verben und ihre Objekte → L4

Das Verb bestimmt, ob ein Akkusativ-Objekt im Satz vorkommt.

Verben mit **Akkusativ-Objekten** sind besonders häufig:

sehen
Subjekt — Akkusativ-Objekt
Ich sehe — ihn.
Kennen Sie — den Mann?

Andere wichtige Verben mit Akkusativ-Objekt:
finden: Klaus findet keine Wohnung in Köln.
haben: Ich habe leider keine Zeit.
kaufen: Kaufst du bitte eine Zeitung?
kennen lernen: Hast du sie schon kennen gelernt?
machen: Wir machen eine Pause.
vergessen: Ich vergesse immer den Artikel!

Der Artikel markiert oft deutlich Subjekt und Akkusativ-Objekt. Darum kann man im Deutschen die Objekte im Prinzip auch **vor** das Verb stellen. So drückt man meistens einen Kontrast aus:

Akkusativ-Objekt	Akkusativ-Objekt	Kontrast
Das Sandwich esse ich, aber	den Tee trinke ich nicht.	Sandwich ⟷ Tee
Einen Fernseher hat Katrin nicht, aber	einen Computer (hat sie).	Fernseher ⟷ Computer

Das Nomen

Zug, *Kirche*, *Schiff* sind Nomen. Nomen, Personen und Orts-/Ländernamen schreibt man groß: der Zug, Marlene Steinmann, Köln, Deutschland. Nomen haben meist einen Artikel bei sich.

Das Genus (Geschlecht) → L2

Nomen haben ein Genus (Geschlecht): maskulin **m**, feminin **f** oder neutrum **n**. Der Artikel richtet sich nach dem Genus.

m der Zug, der Mann

f die Kirche, die Frau

n das Schiff, das Auto

Tipp Im Plural unterscheidet man nicht nach dem Genus (maskulin, feminin, neutrum).

Tipp Es gibt nur wenige Regeln für das Genus. Lernen Sie Nomen deshalb immer mit Artikel. Einzelne Regeln sind z. B.:

- Nomen auf *-er* → meist maskulin: der Lehrer, der Schüler, der Vater
- Nomen auf *-e* → meist feminin: die Adresse, die Reise, die Zitrone
- Nomen auf *-ie*, *-ion*, *-ät*, *-ung* → immer feminin: die Melodie, die Situation, die Universität, die Zeitung
- Nomen auf *-in* → immer feminin: die Ärztin, die Kellnerin, die Lehrerin
- Nomen auf *-um* → immer neutral: das Museum, das Studium
- Wochentage → maskulin: der Montag, der Dienstag

Grammatik

Singular und Plural → **L2**

Nomen verwendet man im Singular und im Plural.

Singular	Plural
das Schiff	die Schiffe
die Stadt	die Städte
die Kirche	die Kirchen
die Lektion	die Lektionen
das Kind	die Kinder
das Haus	die Häuser
das Auto	die Autos
der Lastwagen	die Lastwagen

Tipp Es gibt verschiedene Plural-Endungen: **-e, -(e)n, -er, -s, –**. Aus *a, o, u* wird im Plural meist *ä, ö, ü*. Lernen Sie die Nomen immer mit Artikel und Pluralform.

Einige Nomen haben keinen Plural, z. B. der Zucker, der Tee, der Kaffee, der Wein, die Milch, die Butter, das Obst, das Gemüse, das Fleisch usw.

Einige Nomen haben keinen Singular, z. B. die Leute, die Eltern, die Lebensmittel usw.

Artikel und Artikelwörter

Im Deutschen verwendet man Nomen meist mit Artikel: der Berg, eine Fabrik, kein Hotel, meine Großeltern. Es gibt verschiedene Artikel, z. B. den bestimmten (*der*), den unbestimmten (*ein*), den negativen Artikel (*kein*) und den Possessivartikel (*mein*).

Artikel	Nominativ m	f	n	Pl
bestimmt	der Text	die Seite	das Buch	die Fragen
unbestimmt	ein Text	eine Seite	ein Buch	– Fragen
negativ	kein Text	keine Seite	kein Buch	keine Fragen
Possessivart.	mein Text	meine Seite	mein Buch	meine Fragen

Artikel	Akkusativ m	f	n	Pl
bestimmt	den Text	die Seite	das Buch	die Fragen
unbestimmt	einen Text	eine Seite	ein Buch	– Fragen
negativ	keinen Text	keine Seite	kein Buch	keine Fragen
Possessivart.	meinen Text	meine Seite	mein Buch	meine Fragen

Tipp Im Plural unterscheidet man nicht nach dem Genus (maskulin, feminin, neutrum).

Grammatik

Artikel und Artikelwörter zeigen an: Ein Nomen steht im **Nominativ**, **Akkusativ** oder **Dativ**.

Nomen im Akkusativ können Objekte sein:

Nominativ (Subjekt)		**Akkusativ(-Objekt)**
Der Mann	bestellt	ein Stück Kuchen.
Er	isst	den Kuchen und trinkt einen Kaffee.

Nomen im Dativ und Akkusativ können auch **von einer Präposition abhängen**:

| Wir gehen jetzt in den Speisesaal. | Präposition mit Nomen im Akkusativ |
| Auf dem Tisch steht ein Glas mit Blumen. | Präposition mit Nomen im Dativ |

Artikel und Artikelwörter zeigen auch an:

- Etwas ist neu im Text oder in der Situation: *ein, eine, ein* **(unbestimmter Artikel)**.
  Timo sagt: „Ich beobachte einen Mann."
  Manchmal ist *ein, eine, ein* auch eine Zahl: „Ich habe einen Bruder." (= nicht zwei)
- Etwas ist bekannt (es ist im Text schon vorgekommen oder es ist allgemein bekannt):
  der, die, das **(bestimmter Artikel)**.
  „Ich beobachte einen Mann." – „Da ist der Mann!"
  Der Münsterplatz ist in Freiburg.
- Etwas ist negiert: *kein, keine, kein* **(negativer Artikel)**.
  „Hier gibt es keinen Münsterplatz!"
- Besitz oder enge Beziehung: *mein, meine, mein* **(Possessivartikel)**.
  Meine Tochter heißt Amelie.

1 Der unbestimmte und der bestimmte Artikel → L2, 7

Hier verwendet man den Artikel:

Das ist ein Hafen. Der Hafen ist in Norddeutschland.
Ich habe eine Schwester, Tina zwei.
Familie Raptis hat zwei Kinder. Der Sohn heißt Jakob, die Tochter Lena.

Hier verwendet man keinen Artikel:

Namen: Das ist Frau Mainka. Ihre Kinder heißen Beate und Stefan.
unbestimmte Mengenangaben: Frau Egli kauft Obst, Butter und Zucker. Sie isst gern Obstkuchen.
Berufe: Das ist Kostas Raptis, er ist Arzt. Seine Frau ist Lehrerin.
Städte- und Ländernamen: ▶ Wohnen Sie in Deutschland? ◁ Ja, in Frankfurt.

Tipp Einige Länder haben einen Artikel, z. B. die Schweiz. Urs kommt aus der Schweiz.
In der Schweiz gibt es viele Berge. Ich fahre gern in die Schweiz.

Grammatik
146

Der **bestimmte Artikel** hat immer die Signalendungen.

bestimmt	m	f	n	Pl
Nominativ	der Hut	die Brille	das Haus	die Hüte, Brillen, Häuser
Akkusativ	den Hut	die Brille	das Haus	die Hüte, Brillen, Häuser
Dativ	dem Hut	der Brille	dem Haus	den Hüten, Brillen, Häusern

Die Endungen des **bestimmten Artikels** sind wichtige Signale für Kasus (Fall) und Genus (Geschlecht).

	m	f	n	Pl
Nominativ	r	e	s	e
Akkusativ	n	e	s	e
Dativ	m	r	m	n

Tipp Merken Sie sich diese Signalendungen gut. Sie kommen auch bei anderen Wörtern (Artikel, Adjektive ...) vor.

Der **unbestimmte Artikel** hat manchmal keine Signalendungen (im Nominativ maskulin und neutrum und im Akkusativ neutrum).

unbestimmt	m	f	n	Pl
Nominativ	ein Hut	eine Brille	ein Haus	– Hüte, Brillen, Häuser
Akkusativ	einen Hut	eine Brille	ein Haus	– Hüte, Brillen, Häuser
Dativ	einem Hut	einer Brille	einem Haus	– Hüten, Brillen, Häusern

Tipp Es gibt keine Pluralform für *ein, eine, ein*:
Da vorn steht ein Haus! → Plural: Da vorn stehen Häuser!

2 Der negative Artikel → L2, 4, 7

Der negative Artikel *kein* hat im Singular dieselben Endungen wie der unbestimmte Artikel (*ein, eine, ein*). *kein* verneint das Nomen.

▶ Ist das eine Schule? ◁ Nein, das ist keine Schule.
▶ Hast du einen Hund? ◁ Nein, ich habe keinen Hund. Ich habe eine Katze.

	m	f	n	Pl
Nominativ	kein Hut	keine Brille	kein Haus	keine Hüte, Brillen, Häuser
Akkusativ	keinen Hut	keine Brille	kein Haus	keine Hüte, Brillen, Häuser
Dativ	keinem Hut	keiner Brille	keinem Haus	keinen Hüten, Brillen, Häusern

Grammatik

3 Der Possessivartikel → L3, 5, 7

Der Possessivartikel drückt Besitz und Zugehörigkeit aus.
das Haus von Martin → sein Haus   das Haus von Tanja → ihr Haus

Diese Possessivartikel gibt es:

ich	mein	Das ist mein Hund.
du	dein	Ist das dein Heft?
er	sein	Wo ist Herr Mainka? Und wo ist sein Bus?
sie	ihr	Da ist Frau Solling-Raptis. Das ist ihr Buch.
es	sein	Das Kind isst sein Eis.
wir	unser	Unser Haus ist alt.
ihr	euer	Beate und Stefan, ist das euer Lehrer?
sie	ihr	Lena und Jakob machen jetzt ihre Hausaufgaben.
Sie	Ihr	Guten Tag, Herr Bauer! Eine Frage: Ist das Ihr Auto?
		Guten Tag, Herr und Frau Müller! Eine Frage: Ist das Ihr Auto?

Die Endungen sind wie bei *ein* und *kein*.

		m	f	n	Pl
mein, dein,	Nom.	mein Hund	meine Familie	mein Lied	meine Eltern
sein • ihr •	Akk.	meinen Hund	meine Familie	mein Lied	meine Eltern
sein	Dat.	meinem Hut	meiner Brille	meinem Haus	meinen Hüten, …
unser	Nom.	unser Hund	unsere Familie	unser Lied	unsere Eltern
	Akk.	unseren Hund	unsere Familie	unser Lied	unsere Eltern
	Dat.	unserem Hut	unserer Brille	unserem Haus	unseren Hüten, …
euer	Nom.	euer Hund	eure Familie	euer Lied	eure Eltern
	Akk.	euren Hund	eure Familie	euer Lied	eure Eltern
	Dat.	eurem Hut	eurer Brille	eurem Haus	euren Hüten, …
ihr • Ihr	Nom.	ihr Hund	ihre Familie	ihr Lied	ihre Eltern
	Akk.	ihren Hund	ihre Familie	ihr Lied	ihre Eltern
	Dat.	ihrem Hut	ihrer Brille	ihrem Haus	ihren Hüten, …

Tipp Statt *unsere, unseren* hört man auch *unsre, unsren*.

Grammatik

4 welch-   → L8

welch- ist ein Fragewort. Es steht zusammen mit dem Nomen auf **Position 1**.
welch- bedeutet: Auswahl aus einer Menge.

Position 1		Mögliche Antwort
Welcher Tag	ist heute?	Dienstag.
Welches Zimmer	möchten Sie lieber? Das Einzelzimmer oder das Doppelzimmer?	Das Einzelzimmer bitte.

welch- hat immer die Signalendungen (wie der bestimmte Artikel *der, die, das*):

	m	f	n	Pl
Nominativ	welcher Hut	welche Brille	welches Haus	welche Häuser
Akkusativ	welchen Hut	welche Brille	welches Haus	welche Häuser
Dativ	welchem Hut	welcher Brille	welchem Haus	welchen Häusern

Pronomen und W-Wörter

1 Die Pronomen *ich, du, er • sie • es, wir, ihr, sie / Sie*   → L1, 5, 9

Die Pronomen nennen Sprecher und Hörer oder ersetzen Namen und bekannte Nomen.

ich, wir: Sprecher
du, ihr, Sie: Hörer
er, sie, es, sie: über diese Personen und Dinge spricht man

> **Tipp** Im Deutschen kann man die Pronomen nicht weglassen.
> Kommst du heute? Wir spielen Karten. Philipp kommt auch. Er hat heute Zeit.

	Singular					Plural			
Nominativ	ich	du	er	sie	es	wir	ihr	sie	Sie
Akkusativ	mich	dich	ihn	sie	es	uns	euch	sie	Sie
Dativ	mir	dir	ihm	ihr	ihm	uns	euch	ihnen	Ihnen

> **Tipp** es kann sich auch auf eine ganze Aussage beziehen:
> „Wann kommt der Zug an?" – „Ich weiß es nicht."

Grammatik
149

So werden die Pronomen verwendet:

- Bezug auf Nomen:

Das ist Martin Miller.　　　Er ist Journalist.　　　Kennen Sie ihn?

Das ist Andrea, meine Frau.　Sie ist Deutschlehrerin.　Ich liebe sie.

Das ist das Münster.　　　　Es ist sehr schön.　　　Timo fotografiert es.

- „Kommunikations"-Pronomen:

du-Situation	*Sie*-Situation
Kostas: Andrea, ohne dich ist das Leben nicht schön!	Chef: Herr Bauer, Sie arbeiten sehr gut! Ich möchte Sie und Ihre Frau gern einladen und für Sie kochen. Es gibt Fisch und Gemüse.
Andrea: Ja, ja. Wo sind die Kinder jetzt? Lena, Jakob, wo seid ihr, ich sehe euch nicht!	Herr Bauer: Oh, vielen Dank. Ich frage meine Frau.
Kostas: Wann haben wir mal wieder einen Abend nur für uns? Was meinst du?	Chef: Sehr gut, fragen Sie sie bald.
Andrea: Einen Abend nur für uns? Ohne die Kinder? Was machen wir ohne sie?	

Wann verwendet man *du / ihr* …?
– in der Familie
– mit Kindern (bis ca. 15)
– mit Freunden
– manchmal mit Kollegen

Wann verwendet man *Sie* …?
– mit fremden Erwachsenen
– in formellen Situationen: Arbeit, Einkaufen, Behörden, Polizei …
– wenn man nicht sicher ist: *Sie* oder *du*?

Tipp *Sie* kann Singular oder Plural sein.

2 Das Pronomen *man* → L4

man ist ein unbestimmtes Pronomen: Es gibt keine konkrete Person oder man spricht für alle Leute.

Sagt man auf Deutsch auch „Souvenir?"
Heute kann man den Fernsehturm gut sehen!
Früher hatte man mehr Zeit.

Tipp Bei konkreten Personen verwendet man *er, sie, es*: Pablo lernt Deutsch. Er braucht ein Wörterbuch.

Grammatik
150

3 W-Wörter → L1, 4, 5

W-Wörter sind Fragewörter. Man fragt nach bestimmten Informationen (vgl. auch S. 133/134, Fragesätze), z. B. *wie, wann, wo, woher, wohin* usw. Nach Personen oder Sachen fragt man unterschiedlich.

	Person	**keine Person, Sache**
Nominativ	Wer ist das? – Kostas Raptis.	Was ist das? – Ein W-Wort.
Akkusativ	Wen siehst du? – Lutz. Ohne wen möchtest du nicht leben? – Ohne meine Familie. Für wen kochst du? – Für meine Frau.	Was isst du? – Eine Suppe. Ohne was möchtest du nicht leben? – Ohne meine Musik. Wofür braucht Martin das Geld? – Für einen Computer.

Tipp Kombination W-Wort + Präposition: Bei der Frage nach Sachen kann es besondere W-Wörter geben: Wofür arbeiten Kostas und Andrea? – Für ihr Haus.

Präpositionen

Präpositionen kombiniert man mit Nomen. Sie stehen vor dem Nomen. Das Nomen hat dann einen bestimmten Kasus; meistens steht es im Akkusativ oder im Dativ.

1 Orts- oder Richtungsangaben → L1, 5, 8, 9

Woher?	Wo?	Wohin?
aus	in	nach
Herr Hansen kommt aus Frankfurt.	Er wohnt in Frankfurt.	Er fährt nach Leipzig.
Herr Becker kommt aus Deutschland.	Thomas und Anna wohnen in Deutschland.	Herr Schapiro fährt nach Deutschland.
Länder mit Artikel: Herr Egli kommt aus der Schweiz.	Beat und Regula leben in der Schweiz.	Marlene Steinmann fährt in die Schweiz.
von ... nach Wohin?	Der Eurocity fährt von Norden nach Süden. Von Rostock fahren viele Schiffe nach Russland.	

Grammatik

Es gibt zwei Gruppen von Präpositionen.
① Präpositionen mit einem **festen Kasus** und ② Präpositionen mit Akkusativ **oder** Dativ.

① *aus, bei, von, zu*: immer mit dem **Dativ**:

Herr Eberle arbeitet bei einem Pharmakonzern.
Frau Bürgi kommt vom Sport.
Aus welchem Land kommen Sie?
Am Sonntag fahre ich immer zu meinen Eltern.

Tipp Meistens sagt man

beim	statt	*bei dem*	Ausnahme: Man zeigt auf etwas Bestimmtes: „Gehen
vom	statt	*von dem*	wir jetzt zu dem Laden?" (= nicht zu einem anderen
zum / zur	statt	*zu dem / zu der*	Laden). Der Artikel ist dann betont.

② *an, auf, in* mit Akkusativ **oder** Dativ:

an + Akkusativ
Wohin?   Sonya geht an die Bushaltestelle.

an + Dativ
Wo?   Sie wartet an der Haltestelle.

auf + Akkusativ
Wohin?   Martin Miller steigt auf den Kirchturm.

auf + Dativ
Wo?   Er steht auf dem Kirchturm.

in + Akkusativ
Wohin?   Lena und Jakob gehen in den Kindergarten.

in + Dativ
Wo?   Sie spielen im Kindergarten.

Wohin? ⟶ ?	**Wo?** ?
(Bewegung von A nach B)	(etwas ist oder passiert an einem Ort A)
mit Akkusativ:	**mit Dativ:**
Sonya …	Sonya …
geht an die Bushaltestelle.	steht jetzt an der Bushaltestelle.
steigt auf den Kirchturm.	ist auf dem Kirchturm.
geht in die Fahrschule.	ist in der Fahrschule.

Tipp Meistens sagt man

am, ans	statt	*an dem, an das*	Ausnahme: Man zeigt auf etwas Bestimmtes:
im	statt	*in dem, in das*	„Warst du in dem Laden?" (= nicht in einem
			anderen Laden). Der Artikel ist dann betont.

Tipp Man hört auch öfters diese Formen (in der gesprochenen Sprache):
aufs (= auf das), aufn (= auf den), aufm (= auf dem)

Grammatik

an	Das Bild hängt an der Wand. Abends stehe ich oft am Fenster. Morgen gehen wir wieder an den Strand / ans Meer.	
auf	Das Glas steht auf dem Tisch. Steigen wir auf den Berg? Spiel bitte nicht auf der Straße! Gestern sind wir auf die Insel Rügen gefahren.	
aus	Kommen Sie aus Berlin? – Nein, aus Hamburg. Komm bitte aus dem Zimmer! Kaffee trinkt man aus der Tasse.	**Herkunft (Land, Stadt)** **Gegenteil von** *in*
bei	Bleib bitte bei mir! Er arbeitet bei einem Pharmakonzern. Die Kirche ist bei der Bank.	**Personen** **Arbeitsplatz** **in der Nähe**
in	Die Familie wohnt im Hotel. Ich bin gerade im Speisesaal. Wir fahren morgen in die Schweiz / in die USA … Sie geht in die Schule / in das Haus …	**Länder und Orte mit** **Artikel; Gebäude**
nach	Jeden Abend fährt Herr Eberle nach Deutschland. Wir fahren bald nach Berlin!	**Länder und Orte** ***ohne* Artikel**
Tipp	Die Präposition *nach* verwendet man meistens ohne Artikel: Ich fahre nach Dortmund. Geht ihr schon nach Hause?	
von	Frau Bürgi kommt gerade von der Arbeit. Das Buch ist von einem Kollegen.	**weg von etwas** **Zugehörigkeit**
zu	Sebastian fährt zu seiner Großmutter. Ich muss noch schnell zur Post gehen. Dieser Bus fährt zum Hauptmarkt.	**Ziel: Personen,** **Institutionen, Plätze**

2 Zeitangaben → L3, 6

am Wann?	Am Dienstag kommt Herr Wunderlich. Sehen wir uns am Sonntag um zehn Uhr?	**Tag**
um Wann?	Das Casting fängt um zehn Uhr an. Familie Troll ist um Viertel nach eins dran.	**Zeitpunkt**

Tipp Bei Jahreszahlen steht keine Präposition: Ich bin 1970 geboren.
1989 habe ich Abitur gemacht.

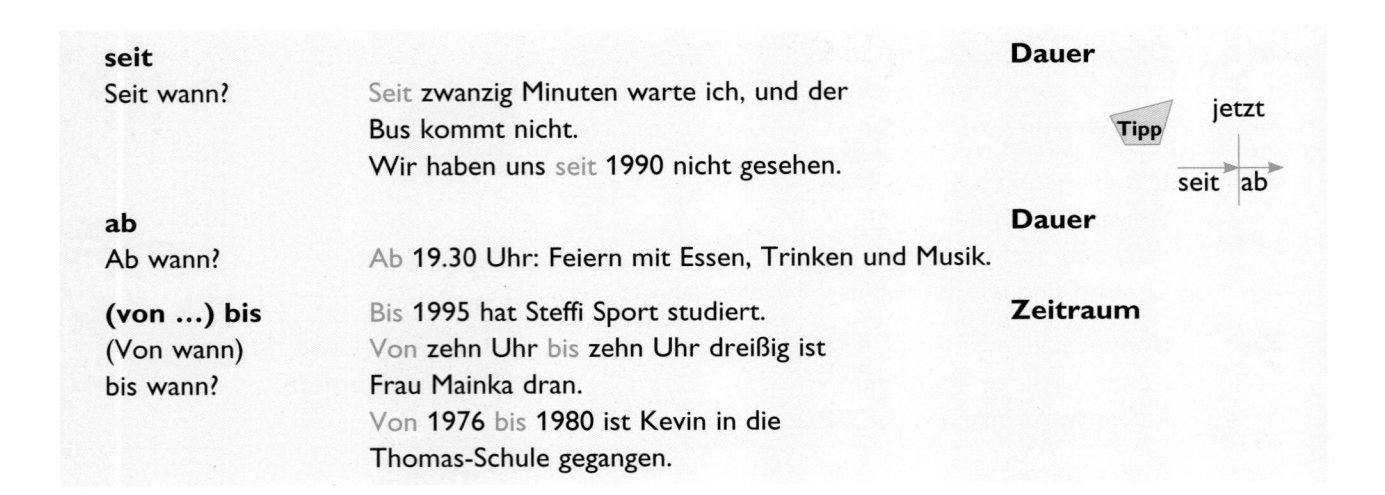

seit — **Dauer**
Seit wann?   Seit zwanzig Minuten warte ich, und der
Bus kommt nicht.
Wir haben uns seit 1990 nicht gesehen.

ab — **Dauer**
Ab wann?   Ab 19.30 Uhr: Feiern mit Essen, Trinken und Musik.

(von ...) bis — **Zeitraum**
(Von wann)   Bis 1995 hat Steffi Sport studiert.
bis wann?   Von zehn Uhr bis zehn Uhr dreißig ist
Frau Mainka dran.
Von 1976 bis 1980 ist Kevin in die
Thomas-Schule gegangen.

Tipp: jetzt — seit / ab

3 Andere Präpositionen → L5, 7

für + Akkusativ
Für wen? (Personen)   Kostas arbeitet für seine Familie.
Wofür? (Sachen)   Er braucht das Geld für das Haus.

Tipp: Statt *für das* hört man auch *fürs*.

ohne + Akkusativ
Ohne wen? (Personen)   Frau König macht keinen Urlaub ohne ihre Freundinnen.
Ohne was? (Sachen)   Martin Miller kann nicht ohne Computer arbeiten.

mit + Dativ
Mit wem? (Personen)   Ich fahre mit meiner Mutter nach Berlin.
Womit? (Sachen)   Frau Koller geht nur mit ihrem Handy aus dem Haus.

Adverbien

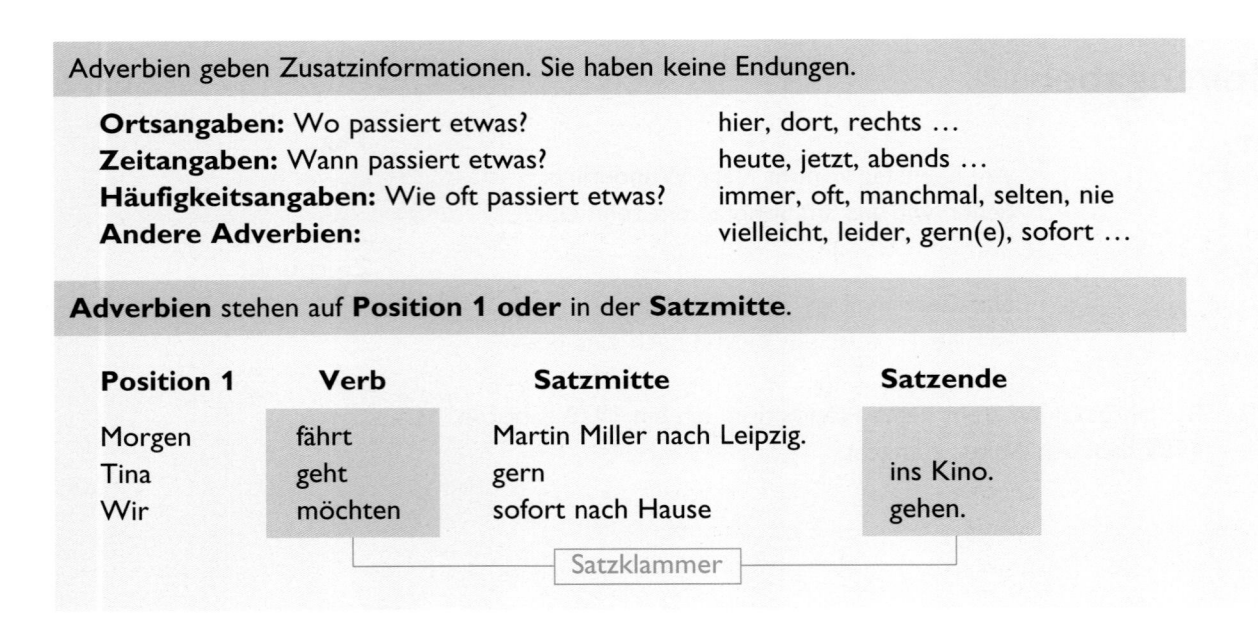

Adverbien geben Zusatzinformationen. Sie haben keine Endungen.

Ortsangaben: Wo passiert etwas?   hier, dort, rechts ...
Zeitangaben: Wann passiert etwas?   heute, jetzt, abends ...
Häufigkeitsangaben: Wie oft passiert etwas?   immer, oft, manchmal, selten, nie
Andere Adverbien: vielleicht, leider, gern(e), sofort ...

Adverbien stehen auf **Position 1** oder in der **Satzmitte**.

Position 1	Verb	Satzmitte	Satzende
Morgen	fährt	Martin Miller nach Leipzig.	
Tina	geht	gern	ins Kino.
Wir	möchten	sofort nach Hause	gehen.

Satzklammer

Grammatik
154

Die Negation (Verneinung)

nicht *und* kein → L1, 2

nicht verneint Sätze und Satzteile. *kein* verneint nur das Nomen.

nicht	kein
Das Rathaus ist nicht alt.	Das ist kein Rathaus.
Ich sehe die Kinder nicht.	Martin Miller hat keine Kinder.
▶ Ich fahre in die Stadt, kommst du mit?	▶ Trinken Sie noch einen Kaffee?
◁ Nein danke, ich fahre nicht mit, das ist so anstrengend.	◁ Nein danke, ich möchte keinen Kaffee mehr, ich bin schon ganz nervös!

Das sagt und hört man oft:
- ▶ Ich gehe ins Kino. Kommst du mit? ◁ Nein, ich habe keine Lust.
- ▶ Trinken wir einen Kaffee? ◁ Nein, ich habe keine Zeit.
- ▶ Gehen wir in ein Restaurant? ◁ Nein, ich habe kein Geld.

Weitere Verneinungen → L3, 5

nie: Ich gehe nie ins Kino, aber ich sehe gern fern.	**nicht mehr**: Sie wohnen nicht mehr in Leipzig.
nichts: Ohne meinen Kaffee geht nichts!	**kein … mehr**: Ich möchte keinen Kaffee mehr.

doch *und* nein → L5

Auf positive Fragen antwortet man mit *ja* oder *nein*. Auf negative Fragen antwortet man mit *nein* oder *doch*.

▶ Haben Sie den Fischmarkt nicht gesehen?
◁ Doch, ich habe ihn gestern gesehen.   ◁ Nein, ich hatte gestern keine Zeit.

▶ Haben Sie kein Auto?
◁ Doch, natürlich!   ◁ Nein, ich fahre immer Zug!

Komparation und Vergleiche

1 Komparation → L9

Adjektive haben eine Grundform, einen Komparativ und einen Superlativ.

Grundform	Komparativ	Superlativ
schön	schöner	am schönsten
schnell	schneller	am schnellsten
praktisch	praktischer	am praktischsten

Grammatik
155

Kleine Besonderheiten:

Kein -e- im Komparativ			-esten im Superlativ bei Adjektiven auf -t, -d, -s, -ß, -sch, -x, -z		
teuer	teurer	am teuersten	schlecht	schlechter	am schlechtesten
dunkel	dunkler	am dunkelsten	heiß	heißer	am heißesten
			hübsch	hübscher	am hübschesten

Oft: *a, o, u → ä, ö, ü*

lang	länger	am längsten	hoch	höher	am höchsten
alt	älter	am ältesten	nah	näher	am nächsten
kurz	kürzer	am kürzesten	groß	größer	am größten

Unregelmäßige Formen:

gut	besser	am besten
viel	mehr	am meisten
gern	lieber	am liebsten

2 Vergleiche → L9

Zwei Sachen, Personen oder Handlungen sind gleich. Dann verwendet man
so + Grundform + wie ...

Mit dem Zug bin ich	so schnell wie	mit dem Flugzeug.
Meine Tochter ist jetzt	so groß wie	ihre Freundin.
Er kocht	so gut wie	seine Frau.

Tipp Statt *so* kann man auch **genauso** sagen:
Mein Haus ist genauso schön wie deine Wohnung.

Man kann die Gleichheit auch negieren:
Die Straßenbahn ist   nicht so schnell wie   die U-Bahn.

Eine Sache, Person oder Handlung ist in einem Aspekt anders als die andere Sache oder Person. Dann verwendet man **Komparativ + als**:

Mit dem Flugzeug bin ich	schneller als	mit dem Zug.
Meine Tochter ist	kleiner als	ihre Freundin.
Hier kann ich	besser arbeiten als	zu Hause.

Tipp *wie* + Nomen / Adverb etc. und *als* + Nomen / Adverb stehen nach der Satzklammer:

Früher | ist | man nicht so viel | gereist | wie heute.
— Satzklammer —

Eine Sache, Person oder Handlung ist in einem Aspekt größer / kleiner / schneller ... als alle anderen. Dann verwendet man *am* + **Superlativ**.

Mit dem Auto bin ich am schnellsten bei der Arbeit.

Grammatik
156

Alphabetische Liste der wichtigsten Verben mit Unregelmäßigkeiten

Infinitiv	**3. P. Sing. Präsens**	**3. P. Sing. Perfekt**
abfahren	fährt ab	ist abgefahren
abgeben	gibt ab	hat abgegeben
anbieten	bietet an	hat angeboten
anfangen	fängt an	hat angefangen
ankommen	kommt an	ist angekommen
ankreuzen	kreuzt an	
aufschreiben	schreibt auf	hat aufgeschrieben
aufstehen	steht auf	ist aufgestanden
ausfüllen	füllt aus	
ausgehen	geht aus	ist ausgegangen
aussprechen	spricht aus	hat ausgesprochen
backen	backt	hat gebacken
bedeuten	bedeutet	
beginnen	beginnt	hat begonnen
bekommen	bekommt	hat bekommen
beobachten	beobachtet	
beschreiben	beschreibt	hat beschrieben
besichtigen	besichtigt	
bestehen	besteht	hat bestanden
bestellen	bestellt	
besuchen	besucht	
betonen	betont	
betragen	beträgt	hat betragen
bezahlen	bezahlt	
bleiben	bleibt	ist geblieben
braten	brät	hat gebraten
bringen	bringt	hat gebracht
buchstabieren	buchstabiert	hat buchstabiert
demonstrieren	demonstriert	hat demonstriert
denken	denkt	hat gedacht
dürfen	darf	
einkaufen	kauft ein	
einladen	lädt ein	
eintragen	trägt ein	hat eingetragen
empfangen	empfängt	hat empfangen
entscheiden	entscheidet	hat entschieden
ergänzen	ergänzt	
erklären	erklärt	
erzählen	erzählt	
essen	isst	hat gegessen
fahren	fährt	ist gefahren
fernsehen	sieht fern	hat ferngesehen

Verbliste

Infinitiv	3. P. Sing. Präsens	3. P. Sing. Perfekt
finden	findet	hat gefunden
fliegen	fliegt	ist geflogen
fotografieren	fotografiert	hat fotografiert
geben	(es) gibt	(es) hat gegeben
gefallen	gefällt	hat gefallen
gehen	geht	ist gegangen
gelten	gilt	hat gegolten
haben	hat	hat gehabt
heißen	heißt	hat geheißen
helfen	hilft	hat geholfen
kennen	kennt	hat gekannt
kombinieren	kombiniert	hat kombiniert
kommen	kommt	ist gekommen
komponieren	komponiert	hat komponiert
können	kann	
lassen	lässt	hat gelassen
laufen	läuft	ist gelaufen
lesen	liest	hat gelesen
liegen	liegt	hat* gelegen
markieren	markiert	hat markiert
mitbringen	bringt mit	hat mitgebracht
mitkommen	kommt mit	ist mitgekommen
mitmachen	macht mit	
mitsingen	singt mit	
mitspielen	spielt mit	
müssen	muss	
nachsprechen	spricht nach	
nehmen	nimmt	hat genommen
nummerieren	nummeriert	hat nummeriert
organisieren	organisiert	hat organisiert
passieren	passiert	ist passiert
riechen	riecht	hat gerochen
salzen	salzt	hat gesalzen
scheinen	scheint	hat geschienen
schlafen	schläft	hat geschlafen
schließen	schließt	hat geschlossen
schneiden	schneidet	hat geschnitten
schreiben	schreibt	hat geschrieben
schwimmen	schwimmt	ist geschwommen
sehen	sieht	hat gesehen
sein	ist	ist gewesen
singen	singt	hat gesungen
sitzen	sitzt	hat* gesessen
sortieren	sortiert	hat sortiert

* in Süddeutschland, Österreich und der Schweiz auch: ist gelegen, ist gesessen.

Verbliste

Infinitiv	3. P. Sing. Präsens	3. P. Sing. Perfekt
spazieren gehen	geht spazieren	ist spazieren gegangen
sprechen	spricht	hat gesprochen
stattfinden	findet statt	hat stattgefunden
stehen	steht	hat* gestanden
steigen	steigt	ist gestiegen
sterben	stirbt	ist gestorben
studieren	studiert	hat studiert
tragen	trägt	hat getragen
treffen	trifft	hat getroffen
trinken	trinkt	hat getrunken
tun	tut	hat getan
umsteigen	steigt um	ist umgestiegen
umziehen	zieht um	ist umgezogen
verbinden	verbindet	hat verbunden
verbringen	verbringt	hat verbracht
vergessen	vergisst	hat vergessen
vergleichen	vergleicht	hat verglichen
verkaufen	verkauft	
verlieren	verliert	hat verloren
verstehen	versteht	hat verstanden
vorbereiten	bereitet vor	
vorlesen	liest vor	
waschen	wäscht	hat gewaschen
werden	wird	ist geworden
wiederholen	wiederholt	
wissen	weiß	hat gewusst
wollen	will	
zuordnen	ordnet zu	
zurückgehen	geht zurück	ist zurückgegangen
zurückkommen	kommt zurück	
zurückliegen	liegt zurück	
zusammenpassen	passt zusammen	

* in Süddeutschland, Österreich und der Schweiz auch: ist gestanden.

Alphabetische Wortliste

Die folgende Wortliste enthält den Wortschatz der Texte, Dialoge und Aufgaben der Kursbuch-Lektionen 1 bis 10.

— Nicht aufgenommen wurden Artikelwörter, Zahlwörter, grammatische und phonetische Fachbegriffe sowie Eigennamen von Personen und Städten.
— Nomen erscheinen mit ihrem Artikel und der Pluralform. Nomen, die nur im Singular oder Plural verwendet werden, sind entsprechend mit *(nur Sing.)* oder *(nur Pl.)* gekennzeichnet.
— Verben erscheinen nur im Infinitiv. Eine Liste der wichtigsten Verben mit Unregelmäßigkeiten finden Sie auf den Seiten 157–159.
— Zur Erleichterung des Auffindens im Text sind hinter jedem Eintrag nicht nur Lektion und Seite, sondern auch die jeweilige Text- oder Aufgabennummer angegeben; zum Beispiel bedeutet „alt L2, 23/1a", dass das Wort „alt" zum ersten Mal in Lektion 2, auf Seite 23 und dort in der Aufgabe 1a erscheint.
— Wörter, die auf der Liste zum *Zertifikat Deutsch* stehen, sind mit • markiert. Sie sind besonders wichtig für Sie.

A

Aal, der, -e   L5, 66/1
Aalsuppe, die, -n   L5, 60/1
• ab   L9, 116/1D
abbauen   L10, 120/1a
• Abend, der, -e   L1, 10/2
Abendessen, das, -   L5, 62/1b
• abends   L5, 62/1a
• aber   L1, 16/5
• abfahren   L7, 84/1a
• abgeben   L10, 125/4
• Abitur (Abi), das *(nur Sing.)*   L6, 70
• Abitur machen   L6, 72/1a
Abkürzung, die, -en   L10, 124/1b
• Abschnitt, der, -e   L9, 107/3b
• Abteilung, die, -en   L9, 114/1a
• ach   L10, 122/2a
• Adresse, die, -n   L1, 18/1
Afrika   L1, 12/1
Akkordeon, das, -s   L9, 108
• aktiv   L5, 64/1a
Akzent, der, -e   L2, 25/8
alle   L2, 28/1
• allein   L5, 63/7
alles   L2, 28/1
alles klar   L1, 18/1
Alpen, die *(nur Pl.)*   L2, 23/1a
• Alphabet, das, -e   L1, 12/3
• als (Schneiderin)   L8, 100/1a
• als (Vergleich)   L9, 108/1a
• also   L1, 18/1
• alt   L2, 23/1a
• Alter, das *(nur Sing.)*   L3, 35/3

Altstadt, die, -städte   L2, 27/5
• am (= an dem)   L8, 96/2
• am + Tageszeit   L10, 125/5a
• am Montag   L3, 38/1
• am Stadtrand   L2, 28/1
Amerika   L1, 12/1
• Ampel, die, -n   L8, 98/6b
• an   L7, 88
• an + Dat.   L8, 96/2
• anbieten   L10, 120/1b
• ander-   L8, 98/6a
• anders   L9, 111/4
• Anfang, der, Anfänge   L8, 100/1a
• anfangen   L3, 40/1a
• Angebot, das, -e   L9, 108/1a
• Angestellte, der/die, -n   L10, 119/1
• Angst, die, Ängste   L6, 72/1a
• ankommen   L7, 84/1a
ankreuzen   L5, 63/6
• Anmeldung, die, -en   L9, 116/1E
anprobieren   L8, 101/2
anstrengend   L5, 62/1a
• Antwort, die, -en   L1, 11/3b
• antworten   L1, 16/3
• Anzeige, die, -n   L10, 124/1
• Apfel, der, Äpfel   L10, 124/1
Apfelkuchen, der, -   L6, 72/1a
Apfelsaft, der *(nur Sing.)*   L4, 52/1
Appartement, das, -s   L10, 118/1
• Arbeit, die *(hier nur Sing.)*   L5, 63/6
• arbeiten   L1, 15/1b
Arbeiter, der, -   L10, 126/1a
Arbeitsamt, das, -ämter   L8, 99/9a

Wortliste
160

Arbeitsgruppe, die, -n L8, 104/1a
arbeitslos L6, 78/2b
Arbeitsplatz, der, -plätze L9, 112/1b
Arbeitstag, der, -e L9, 116/1A
Arbeitszeit, die, -en L9, 110/1a
Argentinien L1, 12/3a
Argument, das, -e L9, 108/1a
• arm L7, 92/1a
Artikel *(Lexikon)*, der, - L7, 92/1a
• Artikel *(Zeitung)*, der, - L8, 104/1a
• Arzt, der, Ärzte L5, 58/1
• Ärztin, die, -nen L5, 59/3
Asien L1, 12/1
Assistentin, die, -nen L3, 40/1a
Atelier, das, -s L8, 95/2a
• auch L1, 12/1
• auf + Akk. L5, 60/1
• auf + Dat. L8, 96/2
• auf dem Land L9, 108/1a
• auf Deutsch L4, 56/1
• Auf Wiedersehen! L1, 10/2
• Aufgabe, die, -n L2, 32/2
• aufmachen L7, 84/1a
• aufräumen L7, 83/2
• aufschreiben L7, 90/1
• aufstehen L7, 84/1a
• Aufzug, der, Aufzüge L10, 128/1b
• August, der *(nur Sing.)* L9, 116/1B
• aus L1, 11/3b
• aus + Dat. L9, 112/2a
aus aller Welt L6, 77/1B
• Ausbildung, die, -en L10, 126/1a
• ausfüllen L3, 39/1
• ausgehen L8, 103/4
• ausgehen (Licht) L9, 116/1A
• außerdem L10, 120/1b
• aussprechen L4, 56/1
Austausch, der *(nur Sing.)* L10, 119/1
Australien L1, 12/1
auswechseln L7, 84/1a
• Auszubildende, der/die, -n L10, 126/1a
• Auto, das, -s L1, 13/6
• Auto fahren L3, 38/2
• Autobahn, die, -en L2, 22/1a

B
• backen L8, 102/1
Bäcker, der, - L8, 102/1
• Bäckerei, die, -en L4, 54/2b
• Bad, das, Bäder L7, 82/1
• Bahn, die, -en L9, 111/5a
• Bahnhof, der, -höfe L2, 22/1a

• bald L1, 18/1
• Balkon, der, -s/e L10, 118/1
Banane, die, -n L1, 13/6
Bananeneis, das *(nur Sing.)* L2, 27/5
Band, die, -s L6, 78/2b
• Bank, die, Bänke L8, 96/2
• Bank, die, -en L2, 29/4
Bankangestellte, der/die, -n L10, 119/1
• Bar, die, -s L7, 82/1
Basler *(Adj.)* L9, 116
Bayern L2, 23/1a
• bedeuten L6, 77/1
Beförderung, die, -en L10, 125/5a
befreundet L9, 114/1a
• beginnen L6, 77/1
Behindertenzentrum, das, -zentren L8, 98/6a
• bei L7, 86/3
• bei + Dat. L9, 112/2a
• beim L7, 92/1a
• Beispiel, das, -e L1, 14/3a
Bekleidung, die *(nur Sing.)* L8, 101/4
• bekommen L9, 116/1B
Belgien L1, 12/3a
• beliebt L9, 116/1B
benannt sein L7, 92/1a
• beobachten L4, 48/1a
• bequem L9, 110/1a
• Berg, der, -e L2, 23/1a
Bergmann, der, -leute L10, 119/2
Bergwerk, das, -e L10, 120/1b
• Beruf, der, -e L3, 35/2
Berufsleben, das *(nur Sing.)* L9, 116/1C
• berühmt L8, 95/2a
• beschreiben L8, 96/1
• besichtigen L5, 60/1
Besitzer, der, - L7, 83/2
Besitzerin, die, -nen L7, 83/2
• besonders L8, 95/2a
• besser → gut L9, 108/1a
• beste → gut L9, 110/1a
Beste, das *(nur Sing.)* L10, 122/2a
• bestehen aus L9, 107/3a
• bestellen L4, 52/2
Bestellung, die, -en L4, 52/2
• bestimmen L10, 122/2a
• besuchen L5, 62/1a
Besucher, der, - L6, 77/1
Besucherin, die, -nen L6, 77/1
• beten L6, 77/1
betonen L4, 50/6b
• betragen L7, 86/1b
• Bett, das, -en L5, 62/1a

Wortliste
161

das Bett machen, Betten machen   L7, 84/1a
- Bewegung, die, -en   L6, 75/4
- bewölkt   L7, 86/1b
- bezahlen   L4, 53/5
- Bier, das, -e   L1, 13/6
- Biergarten, der, -gärten   L7, 82/1
- Bild, das, -er   L2, 22
  Bildunterschrift, die, -en   L10, 120/1a
- billig   L9, 109/4a
  Biografie, die, -n   L6, 79/3
- Birne, die, -n   L10, 125/3
- bis   L1, 18/1
- (ein) bisschen   L1, 15/1c
- bist → sein   L1, 11/3b
- bitte   L1, 10/1
- bitte schön   L4, 52/2
- bitte sehr   L7, 88/1
- Blatt Papier, das, -   L2, 32/1
  Blatt, das, Blätter   L2, 32/1
- blau   L8, 101/2
- bleiben   L6, 74/2a
- Bleistift, der, -e   L2, 32/1
- Blick, -der, -e   L7, 89/4
- bloß *(Partikel)*   L10, 126/1a
- Blume, die, -n   L6, 71
- Bluse, die , -n   L8, 100/1a
- braten   L5, 67/3
  Bratwurst, die, -würste   L8, 95/2a
- brauchen   L4, 51/1
- braun   L8, 101/2
  Brezel, die, -n   L7, 84/1a
- Brief, der, -e   L3, 42/1
- bringen   L4, 47/2a
- Brot, das, -e   L4, 54/2a
- Bruder, der, Brüder   L3, 42/1
  Brühe, die, -n   L5, 67/2a
  Brunnen, der, -   L6, 70
- Buch, das, Bücher   L2, 32/1
- buchen   L7, 89/4
- Buchstabe, der, -n   L9, 116/1
- buchstabieren   L1, 20/1
- Bundesamt, das, -ämter   L9, 116/1C
  Burg, die, -en   L8, 95/2a
- Büro, das, -s   L3, 35/2
- Bus, der, Busse   L2, 22/1a
  Busfahrer, der, -   L3, 41/4b
  Bushaltestelle, die, -n   L8, 96/1
- Butter, die *(nur Sing.)*   L4, 54/2a

C

- ca. (circa/zirka)   L6, 71
- Café, das, -s   L2, 26/1
  Casting, das, -s   L3, 40/1a
- Cent, der, -/-s   L10, 125/3
  Chauffeur, der, -e   L9, 108
- Chef, der, -s   L7, 83/3
- Chemie, die *(nur Sing.)*   L9, 107/3a
  Chemielaborant, der, -en   L9, 112/2a
  Chiffre, die, -n   L10, 128/1b
  China   L1, 12/3a
  Chor, der, Chöre   L6, 77/1
  Choral, der, Choräle   L6, 77/1
  Collage, die, -n   L8, 94/1c
- Computer, der, -   L1, 13/6
  Computerspiel, das, -e   L3, 41/5b

D

- da   L2, 29/5
- da sein   L3, 40/1a
  Dachgeschoss, das, -e   L10, 118/1
  Dachterrasse, die, -n   L10, 128/1b
- damals   L6, 72/1a
- Dame, die, -n   L4, 52/2
  danach   L5, 60/1
  Dänemark   L1, 12/3a
- danke   L1, 18/1
- danke schön   L7, 88/1
- dann   L1, 17/7
- darauf   L9, 116/1A
- das   L1, 15/1c
- das heißt (heißen)   L9, 112/2a
- dass   L10, 126/1a
- dauern   L7, 87/4
  dazu   L5, 67/2a
  DDR, die (Deutsche Demokratische Republik)   L6, 77/1
- dein, deine   L3, 37/7
- Dekagramm *(Abk. dag)*, das, -   (A)   L10, 124/1b
  Dekoration, die, -en   L8, 95/2a
- Demonstration, die, -en   L6, 77/1
  demonstrieren   L6, 78/2a
- denken   L9, 109/3
- denn *(Partikel)*   L4, 50/6a
- deshalb   L4, 51/1
  Design, das *(nur Sing.)*   L8, 95/2a
- deutlich   L9, 116/1C
- deutsch   L9, 115/5
  Deutsch *(Sprache)*   L1, 10/1
  Deutschbuch, das, -bücher   L5, 65/4
- Deutsche, der/die, -n   L9, 115/5
  Deutschkurs, der, -e   L1, 20

Wortliste

- Deutschland L1, 11/4a
- Deutschlehrer, der, - L5, 59/3
- Deutschlehrerin, die, -nen L5, 58/1
- Deutschschweiz, die L9, 116/1C
- Dezember, der *(nur Sing.)* L8, 95/2a
- Deziliter *(Abk. dl)*, der, - (CH) L10, 124/1b
- Dialog, der, -e L1, 11/4
- Dienstag, der, -e L3, 44/3
- Diktat, das, -e L2, 31/C
- direkt L9, 107/3a
- Diskussion, die, -en L9, 108/1a
- diskutieren L9, 108/1a
- doch *(Antwort)* L5, 64/1a
- doch *(Partikel)* L2, 29/4
- Dom, der, -e L2, 30/2
- Donnerstag, der, -e L3, 44/3
- Doppelzimmer, das, - L7, 82/1
- Dorf, das, Dörfer L2, 23/1a
- dort L5, 60/1
- Dose, die, -n L10, 124/1
- dran sein L3, 40/1a
- Dreiländereck, das *(nur Sing.)* L9, 106
- dritte- L10, 118/1
- Druckbuchstabe, der, -n L3, 39/1
- du L1, 11/3
- dunkel, dunkler, am dunkelsten L8, 95/2a
- dunkelblau L8, 101/2
- durch *(örtlich)* L7, 92/1a
- dürfen L8, 102/2b
- Dusche, die, -n L7, 82/1

E

- ebenfalls L9, 112/2a
- Ecke, die, -n L8, 98/6b
- Ecuador L1, 12/3a
- egal L3, 43/4
- Ehefrau, die, -en L3, 39/1
- Ehemann, der, -männer L3, 39/1
- Ei, das, -er L4, 54/2a
- eigentlich L1, 18/1
- einfach *(Adv.)* L9, 108/1a
- einige L8, 95/2a
- einkaufen L4, 54/2
- Einkaufsmöglichkeit, die, -en L9, 109/4a
- Einkaufspassage, die, -n L6, 77/2a
- einladen L3, 42/1
- Einladung, die, -en L6, 70
- (ein)mal L1, 18/1
- einmal, zweimal usw. L10, 121/3
- einsam L7, 92/1a
- eintragen L10, 118/1
- Einwohner, der, - L9, 112/2a
- Einzelzimmer, das, - L7, 82
- Eis, das *(nur Sing.)* L2, 26/1
- Eiskaffee, der *(nur Sing.)* L2, 27/5
- Elbe, die *(Fluss)* L5, 60/1
- elegant L5, 60/1
- Elektriker, der, - L9, 108
- Elektrotechnik, die *(nur Sing.)* L10, 119/1
- Elfchen, das, - L8, 104/1a
- Elsass, das L9, 106/1
- Eltern, die *(nur Pl.)* L3, 41/5b
- E-Mail, die, -s L3, 39/1
- Empfang, der *(nur Sing.)* L7, 83/2
- empfangen L7, 83/2
- Empfangschef, der, -s L7, 83/2
- Empfangschefin, die, -nen L7, 83/2
- endlich L4, 48/1a
- eng L10, 126/1a
- Englisch *(Sprache)* L9, 114/1a
- entdecken L7, 87/4
- Entfernung, die, -en L10, 126/1a
- entscheiden L10, 122/2a
- Entschuldigung! L2, 32/3
- er L1, 14/1
- Erdgeschoss *(Abk. EG)*, das, -e L10, 118/1
- Erfolg, der, -e L7, 92/1a
- ergänzen L1, 18/1
- Ergebnis, das, -se L8, 94/1a
- erklären L3, 42/2b
- erreichen L7, 83/3
- erst L5, 62/1a
- erst- L8, 98/6b
- erwachsen L10, 118
- erzählen L5, 63/6
- Erzbischof, der, -bischöfe L7, 92/1a
- es L1, 21
- es geht → gehen L2, 30/1
- es gibt → geben L4, 47/2a
- es ist *(Uhrzeit)* L6, 80/3
- essen L2, 26/1
- Essen, das *(nur Sing.)* L7, 83/2
- Essen machen L7, 83/2
- Essig, der *(nur Sing.)* L5, 66/1
- Esszimmer, das, - L10, 118/1
- etwas L4, 50/6
- etwas *(ein bisschen)* L10, 119/2
- etwas anderes L10, 122/2a
- euer, eure L3, 43/4
- Euro, der, - L4, 53/5a
- Eurocity, der, -s (EC) L1, 14/1
- Europa L1, 12/1
- ewig L10, 121/4a
- Export, der, -e L9, 107/3a

Wortliste

F

- Fabrik, die, -en   L2, 22/1a
- Fachhochschule, die, -n   L10, 119/1
- fahren   L1, 14/1
- Fahrrad, das, -räder   L4, 51/1
- Fahrrad fahren   L4, 51/1
- Fahrschule, die, -n   L8, 98/6a
- Fahrt, die, -en   L7, 87/4
- falsch   L1, 15/1a
- Familie, die, -n   L3, 34
- Familienidylle, die, -n   L5, 68/3
- Familienname, der, -n   L3, 35/2
- Familienstand, der (nur Sing.)   L3, 36/4a
- fantasievoll   L9, 116/1D
- fantastisch   L3, 35/2
- Farbe, die, -n   L8, 101/4a
- Fasnacht, die (nur Sing.)   L9, 116/1A
- fast   L7, 83/3
- Fax, das, -e   L3, 39/1
- Februar, der (nur Sing.)   L9, 116/1A
- fehlen   L1, 17/7
- Feier, die, -n   L6, 70
- feiern   L6, 70
- Fenster, das, -   L7, 84/1a
- Fernmeldeturm, der, -türme   L2, 31/4
- fernsehen   L3, 35/2
- Fernsehen, das (nur Sing.)   L3, 34/1
- Fernseher, der, -   L7, 82/1
- Fernsehshow, die, -s   L3, 34/1
- Fest, das, -e   L10, 125/5a
- Festival, das, -s   L9, 116/1B
- Fett, das (hier nur Sing.)   L10, 124/1
- Film, der, -e   L3, 39/1
- Film, der, -e   L7, 85/5
- finanziell   L7, 92/1a
- finden   L1, 13/6
- finden   L8, 101/2
- Firma, die, Firmen   L9, 107/3a
- Fisch, der, -e   L5, 67/3
- Fitness-Studio, das, -s   L8, 98/6a
- Flasche, die, -n   L4, 52/2
- Fleisch, das (nur Sing.)   L5, 67/3
- Fleischbrühe, die, -n   L5, 66/1
- fliegen   L6, 74/1a
- Flohmarkt, der, -märkte   L8, 98/6a
- Floristin, die, -nen   L10, 118
- Flöte, die, -n   L3, 43/4
- Flugzeug, das, -e   L7, 91/5a
- Fluss, der, Flüsse   L2, 31/3a
- Formular, das, -e   L3, 39/1
- Foto, das, -s   L3, 36/4a
- Fotoapparat, der, -e   L1, 13/6
- Fotograf, der, -en   L5, 59/3
- fotografieren   L4, 47/2a
- Fotografin, die, -nen   L1, 15/1c
- fotokopieren   L8, 104/1a
- Frage, die, -n   L1, 11/3b
- fragen   L1, 16/3
- Fragezeichen, das, -   L1, 14/3b
- Franken, der, -   L9, 107/3a
- Frankreich   L1, 12/3a
- Französisch (Sprache)   L9, 106/2
- Frau (Anrede)   L1, 11/3b
- Frau, die, -en   L2, 26/1
- frei   L7, 89/5a
- Freitag, der, -e   L3, 44/3
- Freizeit, die (nur Sing.)   L7, 84
- Fremdsprache, die, -n   L9, 116/1
- Freund, der, -e   L5, 62/1a
- Freundin, die, -nen   L5, 62/1a
- freundlich   L3, 42/1
- Frieden, der (nur Sing.)   L6, 77/1
- friedlich   L6, 77/1
- frisch   L10, 124/1
- Friseur, der, -e   L8, 98/6a
- Friseursalon, der, -s   L10, 122/2a
- früh   L7, 84/1a
- früher   L5, 64/1
- Frührentner, der, -   L10, 118
- Frühstück, das (nur Sing.)   L5, 62/1a
- frühstücken   L5, 62/1a
- Führung, die, -en   L7, 83/3
- für   L3, 35/2
- für + Akk.   L5, 59/4
- furchtbar   L10, 122/2a
- Fußball, der, -bälle   L2, 26/1
- Fußball spielen   L2, 26/1
- Fußballplatz, der, -plätze   L2, 26/1
- Fußballverein, der, -e   L10, 126/1a
- Fußgängerzone, die, -n   L5, 60/1

G

- Gabel, die, -n   L5, 66/1
- ganz   L2, 28/1
- ganz-   L9, 107/3a
- ganz (ganz gut)   L9, 113/5
- die ganze Familie   L3, 42/1
- Garage, die, -n   L10, 118/1
- Garten, der, Gärten   L7, 89/5a
- Gartenarbeit, die (nur Sing.)   L10, 128/1b
- Gas, das (nur Sing.)   L10, 128/1b
- Gasheizung, die (hier nur Sing.)   L10, 128/1b
- Gast, der, Gäste   L7, 83/2
- Gaststätte, die, -n   L9, 116/1A

Wortliste

- Gebäude, das, -   L2, 22/1a
- geben (es gibt)   L5, 67/2a
- Gebiet, das, -e   L9, 116/1C
- geboren (sein)   L6, 78/2a
- Geburtstag, der, -e   L6, 74/2a
  Geburtstagsparty, die, -s   L10, 125/5a
  Gedicht, das, -e   L8, 104/1a
- geeignet   L9, 116/1D
- gefährlich   L9, 111/5a
- gefallen   L10, 126/1a
- gegen   L9, 108/1a
- Gegenwart, die (nur Sing.)   L6, 79/3
- gehen   L2, 28/1
- gehen (funktionieren)   L5, 62/1a
- gehören zu   L10, 120/1a
- gelb   L8, 101/2
- Geld, das (nur Sing.)   L4, 51/1
- gelten   L9, 116/1B
- Gemüse, das (nur Sing.)   L4, 46/1
  Gemüsesuppe, die, -n   L5, 67/2b
- genau   L4, 50/6b
- genau (Adj.)   L8, 102/2b
- Gepäck, das (nur Sing.)   L7, 89/4
- gerade (zeitl.)   L7, 84/1b
- geradeaus   L8, 98/6b
- gern   L3, 35/2
- gesamt   L9, 112/2b
- Geschäft, das, -e   L2, 28/1
- Geschichte, die, n   L9, 107/3a
- geschieden   L3, 39/1
- geschnitten (Adj.)   L10, 125/3
- Geschwister, die (nur Pl.)   L3, 42/1
- Gespräch, das, -e   L5, 64/1a
- gestern   L5, 64/1a
- gesund   L9, 108/1a
- Getränk, das, -e   L7, 83/2
- getrennt   L4, 53/5b
- Gewürz, das, -e   L8, 102/2a
- Gitarre, die, - n   L3, 38/2
- Gitarre spielen   L3, 38/2
  Gitarrist, der, -en   L6, 78/2b
  Gitarristin, die, -nen   L6, 78/2b
- Glas, das, Gläser   L4, 52/2
- Glas (Behälter), das, Gläser   L10, 124/1
- glauben   L2, 29/5
- gleich (zeitlich)   L8, 101/2
- gleich-   L10, 126/1a
- gleichfalls   L10, 125/3
- Glück, das (nur Sing.)   L5, 68/3
  Glühwein, der (nur Sing.)   L8, 104/1a
  Gose, die, -n   L6, 71
- Grad (Celsius), der, -e   L7, 86/1b

- Gramm, das, -   L10, 124/1
  Grammatik, die (hier nur Sing.)   L2, 32/2
- grau   L8, 101/2
- Grenze, die, -n   L9, 107/3a
  Grenzgänger, der, -   L9, 107/3a
  Griechenland   L5, 63/6
- groß   L2, 22/1a
- groß, größer, am größten   L9, 108/1a
  Großbritannien   L1, 12/3a
- Größe, die, -n   L8, 101/2
  Größentabelle, die, -n   L8, 101/2
  Großfamilie, die, -n   L10, 125/5a
- Großmutter, die, -mütter   L3, 41/5b
- Großstadt, die, -städte   L2, 27/5
- grün   L8, 101/2
- Grundschule, die, -n   L6, 79/3
- Gruppe, die, -n   L8, 94/1c
- Gruß, der, Grüße   L3, 42/1
  Grüß Gott!   L7, 88/1
- günstig (billig)   L10, 124/1
- gut   L1, 10
- Guten Abend!   L1, 10/2
- Guten Morgen!   L1, 10/2
- Guten Tag!   L1, 10/2

H
- haben   L3, 36/4a
- Hackfleisch, das (nur Sing.)   L10, 124/1
- Hafen, der, Häfen   L2, 22/1a
- halb (zehn)   L6, 80/1
- Halbpension, die (nur Sing.)   L7, 89/4
- Hallo!   L1, 10/2
- Haltestelle, die, -n   L8, 96/1
- Handel, der (nur Sing.)   L6, 77/1
- Handtuch, das, -tücher   L7, 84/1a
  Handwerk, das (nur Sing.)   L8, 95/2a
- Handy, das, -s   L7, 90/2
- hart (Adv.)   L10, 120/1a
  Harz, der (Gebirge)   L6, 71
- ich hätte gern → haben   L4, 52/2
- Haupt-   L8, 95/2a
- Hauptbahnhof, der, -höfe   L2, 22/1a
- Haus, das, Häuser   L2, 23/1a
- Hausfrau, die, -en   L3, 35/2
- Haushalt, der (hier nur Sing.)   L5, 62/1a
- Hausmann, der, -männer   L10, 119/2
- Hausmeister, der, -   L10, 118
  Haustier, das, -e   L3, 43/6a
- Heft, das, -e   L2, 32/1
  Heirat, die (nur Sing.)   L6, 78/2b
- heiraten   L6, 78/2a
- heiß   L2, 27/3

Wortliste
165

- heißen   L1, 11/3
  heiter   L9, 116/1D
  Heizung, die, -en   L10, 128/1b
- helfen   L8, 101/4a
- hell   L10, 127/3a
- hellblau   L8, 101/2
- Hemd, das, -en   L8, 100/1a
- Herbst, der *(hier nur Sing.)*   L8, 100/1a
- Herr *(Anrede)*   L1, 11/3b
- herzlich   L6, 72/1a
- heute   L1, 15/1b
- hier   L1, 12/1
- Hilfe, die *(hier nur Sing.)*   L7, 89/4
  historisch   L8, 102/1
  H-Milch, die *(nur Sing.)*   L10, 124/1
- Hobby, das, -s   L3, 38/1
- hoch   L2, 30/2
  Hochschulabschluss, der, -abschlüsse   L6, 79/3
- Hof, der, Höfe   L10, 118/1
- hoffentlich   L6, 72/1a
  Honduras   L1, 12/3a
- Honig, der *(nur Sing.)*   L4, 54/2a
- hören   L1, 10/1
- Hose, die, -n   L8, 100/1a
- Hotel, das, -s   L2, 28/1
  Hotelier, der, -s   L7, 83/2
  Hotelprospekt, der, -e   L7, 82/1
- hübsch   L3, 36/4a
- Hund, der, -e   L3, 42/1
- Hunger, der *(nur Sing.)*   L5, 60/1
- Hunger haben   L5, 60/1
- hungrig   L9, 116/1A
  Hut, der, Hüte   L7, 90/2

I

  Idealfrau, die, -en   L5, 68/3
- Idee, die, -n   L4, 52/2
- ihr   L1, 17/7
- Ihr, Ihre   L3, 35/2
- ihr, ihre *(Sing.)*   L3, 41/4a
- ihr, ihre *(Pl.)*   L3, 43/4
- im   L1, 11/3b
  im Jahr 2000   L6, 75/5b
  im Moment   L3, 35/2
  im Zentrum (von)   L2, 23/1a
- immer   L2, 22/1a
- immer noch   L6, 72/1a
  Immobilie, die, -n   L10, 128/1b
- in   L1, 11/3b
- in + Akk.   L5, 60/1
- in + Dat.   L8, 96/2
  in die Schule gehen   L3, 41/4b

- in Ordnung sein   L9, 114/1a
  Indien   L1, 12/3a
  individuell   L8, 100/1a
- Industrie, die, -n   L9, 107/3a
- Information, die, -en   L8, 94/1a
- informieren   L7, 83/3
  Innenhof, der, -höfe   L9, 116/1B
- ins   L3, 38/1
  ins Bett bringen   L5, 62/1a
- interessant   L5, 60/1
  interessanterweise   L9, 116/1C
- international   L8, 101/2
- Internet, das *(nur Sing.)*   L8, 102/2a
  Internet-Adresse, die, -n   L8, 102/2a
- Interview, das, -s   L3, 37/8
  interviewen   L8, 94/1b
  Intonation, die, -en   L10, 127/4
- ist → sein   L1, 11/3b
  Italien   L1, 15/1a

J

- ja *(Antwort)*   L1, 11/3b
- ja *(Partikel)*   L5, 64/1a
- Jacke, die, -n   L8, 100/1a
- Jahr, das, -e   L2, 30/2
  Jahreszahl, die, -en   L6, 78/1
  Jahrgang, der, -gänge   L6, 78
- Jahrhundert, das, -e   L9, 116/1D
  Japan   L1, 12/3a
- Jazz, der *(nur Sing.)*   L9, 116/1
- je nach   L9, 116/1E
- Jeanshose, die, -n   L10, 123/5
  jede Menge   L9, 107/3a
- jeden Tag   L1, 14/1
- jeder, -e, -s   L9, 107/3a
- jemand   L10, 121/4a
- jetzt   L1, 19/3
- Job, der, -s   L9, 114/1a
  joggen   L3, 38/1
  Joghurt, der/das, -s   L10, 124/1
- Journalist, der, -en   L1, 15/1b
- Journalistin, die, -nen   L5, 58/3
- Juli, der *(nur Sing.)*   L6, 70

K

- Kaffee, der *(nur Sing.)*   L1, 13/6
  Kaffeepause, die, -n   L6, 70
  Kaiser, der, -   L8, 95/2a
  kaiserlich   L7, 92/1a
- Kalender, der, -   L3, 44/3
- kalt   L2, 27/3
  Kaltmiete, die, -n   L10, 128/1b

Kandidat, der, -en   L3, 41/5
Kandidatin, die, -nen   L3, 35/2
Kanon, der, -s   L7, 92/2
Kantate, die, -n   L6, 77/1
• Kantine, die, -n   L9, 112/1a
• Kanton, der, -e   L9, 106/1
Kantor, der, -en   L6, 77/1
Karotte, die, -n   L5, 66/1
• Karte (Eintrittskarte), die, -n   L7, 83/3
• Karte, die, -n (Spielkarte)   L1, 15/1a
Karte, die, -n (Visitenkarte)   L1, 18/1
• Karten spielen   L1, 15/1a
• Kartoffel, die, -n   L5, 67/3
Kartoffelsuppe, die, -n   L5, 67/2b
• Käse, der (nur Sing.)   L4, 52/1
• Kasse, die, -n   L8, 101/4a
Kassenbon, der, -s   L8, 101/4a
• Kasten, der, Kästen   L10, 124/1
Kategorie, die, -n   L9, 116/1E
• Katze, die, -n   L3, 42/1
• kaufen   L4, 48/1a
Kauffrau, die, -en   L10, 126/1a
• Kaufhaus, das, -häuser   L2, 28/1
Kaution, die, -en   L10, 128/1b
• kein, keine   L2, 28/1
• Keller, der, -   L10, 128/1b
• Kellnerin, die, -nen   L4, 46/1
Kenia   L1, 12/3a
• kennen   L1, 12/3a
• kennen lernen   L8, 94/1a
• Kilogramm (Abk. kg), das, -   L10, 124/1
• Kilometer, der, -   L9, 108/1a
• Kind, das, -er   L2, 26/1
• Kindergarten, der, -gärten   L5, 62/1a
Kinderzimmer, das, -   L10, 118/1
Kindheit, die, -en   L10, 123/5
• Kino, das, -s   L2, 28/1
• Kirche, die, -n   L2, 23/1a
Kirchturm, der, -türme   L5, 60/1
• klar   L1, 18/1b
• Klasse, die, -n   L6, 70/1
Klassentreffen, das, -   L6, 70/1
• Klavier, das, -e   L3, 43/4
• Kleid, das, -er   L8, 101/2
• Kleider, die (nur Pl.)   L8, 101/2
• Kleidung, die (nur Sing.)   L8, 100/1a
• Kleidungsstück, das, -e   L8, 100/1a
• klein   L2, 27/2
klein schneiden   L5, 67/2a
Kleinstadt, die, -städte   L2, 27/5
• Klo, das, -s   L7, 88/3
• Kneipe, die, -n   L10, 121/4a

• Knie, das, -   L9, 107/3a
Koch, der, Köche   L5, 58/1
• kochen   L5, 67/2a
Köchin, die, -nen   L5, 58/2
• Koffer, der, -   L7, 89/4
• Kohle, die (hier nur Sing.)   L10, 120/1a
• Kollege, der, -n   L9, 113/5
• Kollegin, die, -nen   L9, 114/1a
kombinieren   L1, 14/2b
• kommen   L1, 11/3b
komponieren   L6, 77/1
Komponist, der, -en   L7, 92/1a
Komposition, die, -en   L7, 92/1b
• können   L4, 48/1a
• Kontakt, der, -e   L5, 64/1a
• Kontinent, der, -e   L1, 12/2
Konzern, der, -e   L9, 107/3a
• Konzert, das, -e   L7, 83/3
Konzertmeister, der, -   L7, 92/1a
Kopfarbeiter, der, -   L10, 126/1a
Kopfsalat, der (nur Sing.)   L10, 124/1
körperlich   L10, 120/1b
• korrigieren   L10, 125/4
• kosten   L7, 82/1
• Kosten, die (nur Pl.)   L10, 128/1b
• krank   L6, 74/1a
krank werden   L6, 74/1a
• Krankenhaus, das, -häuser   L5, 62/1a
• Krankenschwester, die, -n   L3, 35/2
Kräuter, die (nur Pl.)   L5, 66/1
• Kreuzung, die, -en   L8, 98/6b
• Krimi, der, -s   L3, 34/1
Kroate, der, -n   L10, 126/1a
Kuba   L1, 13/7
• Küche, die, -n   L10, 118/1
• Kuchen, der, -   L4, 52/1
Küchenzeile, die, -n   L10, 118/1
Kugel, die, -n   L7, 92/1a
• Kugelschreiber, der, -   L2, 32/1
• Kultur, die, -en   L9, 107/3a
• Kunde, der, -n   L5, 64/1a
• Kundin, die, -nen   L5, 64/1a
• Kunst, die (hier nur Sing.)   L9, 116/1
• Künstler, der, -   L7, 92/1a
• Kurs, der, -e   L1, 11/3b
• Kursbuch, das, -bücher   L2, 32/2
• Kursleiterin, die, -nen   L8, 94/1a
• kurz   L1, 16/6

L

Laborant, der, -en   L9, 112/2a
- lachen   L6, 72/1a
- Laden, der, Läden   L5, 60/1

Lamm, das, Lämmer   L10, 124/1
- Land, das *(hier nur Sing.)*   L9, 107/3a
- Land, das, Länder   L1, 12/3a

Landkarte, die, -n   L9, 106/1
Landleben, das *(nur Sing.)*   L9, 108/1a
- lang   L1, 16/6
- lang, länger, am längsten (… Jahre lang)   L10, 120/1a
- lange *(Adv.)*   L7, 88/3
- langsam   L2, 27/2
- langweilig   L7, 88/3
- Lastwagen, der, -   L2, 22/1a

Lauch, der *(nur Sing.)*   L5, 66/1
Lauf, der, Läufe   L9, 116/1E
- laufen   L9, 116/1
- laut   L4, 50/6b
- laut *(gemäß)*   L9, 116/1C
- leben   L9, 108/1a
- Leben, das, -   L5, 68/3

Lebenslauf, der, -läufe   L6, 78/2a
- Lebensmittel, das, -   L5, 66/1

Lebensmittelgeschäft, das, -e   L5, 64/1a
Lebkuchen, der, -   L8, 95/2a
- ledig   L3, 39/1
- leer   L2, 27/2

Leergut, das *(nur Sing.)*   L10, 125/4
- legen   L5, 67/2a
- Lehrer, der, -   L5, 59/3
- Lehrerin, die, -nen   L5, 59/3
- leicht   L5, 63/7
- leider   L1, 17/7
- leise   L9, 111/5a
- leiten   L6, 77/1

Leiterin, die, -nen   L8, 94/1a
- lernen   L1, 12/4
- lesen   L1, 10/1
- letzte Woche   L6, 75/5b
- letztes Jahr   L6, 75/5b
- Leute, die *(nur Pl.)*   L4, 48/2

Lexikon, das, Lexika   L7, 92/1a
Libanon, der   L9, 114/1a
- Licht, das, -er   L9, 116/1A
- liebe, lieber *(Briefanrede)*   L3, 42/1
- lieber → gern   L9, 108/1a
- Lied, das, -er   L3, 42/1
- liegen   L1, 12/1
- Limo (= Limonade), die, -s   L8, 96/2
- link-   L8, 98/6b
- links   L2, 22/1a
- Liter *(Abk. l)*, der, -   L10, 124/1
- Löffel, der, -   L5, 66/1a
- los sein   L9, 108/1a
- lösen   L10, 122/2a

Lücke, die, -n   L10, 122/2b
- Luft, die *(hier nur Sing.)*   L9, 108/1a
- lustig   L6, 72/1a

Luxemburg   L1, 12/3a

M

- machen   L1, 15/1a
- machen *(kosten)*   L4, 53/5b
- Mädchen, das, -   L10, 122/2a
- mager   L10, 125/4
- Mahlzeit, die, -en   L5, 62/1b
- Mai, der *(nur Sing.)*   L6, 72/1a

Main, der *(Fluss)*   L2, 28/1
- mal   L1, 18/1
- Mal, das, -e   L9, 116/1B

Maler, der, -   L8, 95/2a
Mama, die, -s   L4, 50/6a
- man   L4, 56/1
- manchmal   L3, 38/4
- Mann, der, Männer   L2, 26/1
- Mann, der, Männer *(hier = Ehemann)*   L3, 36/4a
- Mantel, der, Mäntel   L8, 100/1a

Marketingassistentin, die, -nen   L10, 119/1
- markieren   L1, 10/1
- Markt, der, Märkte   L8, 95/2a

Marktfrau, die, -en   L4, 46/1
- Marktplatz, der, -plätze   L9, 116/1B

Marktstand, der, -stände   L4, 46/1
Markttag, der, -e   L8, 104/1a
- Marmelade, die, -n   L4, 54/2a

Marokko   L1, 12/3a
- März, der *(nur Sing.)*   L9, 116/1C
- Maschine, die, -n   L9, 116/1D

Maske, die, -n   L9, 116/1
- Mechaniker, der, -   L10, 126/1a
- Medikament, das, -e   L9, 107/3a
- Mehl, das *(nur Sing.)*   L9, 116/1A
- mehr   L5, 64/1a

mehr → viel   L7, 92/1a
- mehrere   L9, 107/3a

mehrsprachig   L9, 107/3a
Mehrsprachigkeit, die *(nur Sing.)*   L9, 116/1C
- mein, meine   L3, 34
- meinen   L10, 126/1a
- Meinung, die, -en   L9, 109/4
- meistens   L9, 113/5

Melodie, die, -n   L3, 43/4

- Menge, die, -n L9, 107/3a
- Mensch, der, -en L1, 12/1
  Messe, die, -n L6, 77/1
- Messer, das, - L5, 66/1
  Messestadt, die, -städte L6, 77/1
  Messeturm, der, -türme L2, 31/4
- Meter, der, - L2, 30/2
- Miete, die, -n L9, 108/1a
- Milch, die *(nur Sing.)* L4, 52/1
  Milchkaffee, der *(nur Sing.)* L6, 72/1a
- mindestens L10, 119/2
- Mineralwasser, das *(nur Sing.)* L4, 52/1
- Minute, die, -n L2, 26/1
- mit L7, 88/1
- mit + Dat. L7, 90/2
- mitbringen L3, 42/1
- mitkommen L3, 42/1
- mitlaufen L9, 116/1
- mitmachen L3, 35/2
  Mitschüler, der, - L6, 72/1a
  Mitschülerin, die, -nen L6, 72/1a
- mitsingen L3, 44/1
- mitspielen L3, 42/1
- Mittag, der, -e L5, 62/1a
- Mittagessen, das, - L5, 62/1b
- mittags L5, 62/1a
- mitten in L1, 14/1
- Mittwoch, der, -e L3, 44/3
- möcht- L3, 35/2
- Mode, die, -n L8, 95/2a
- modern L8, 95/2a
- möglich L9, 116/1E
- Möglichkeit, die, -en L9, 109/4a
- Moment, der, -e L4, 53/5b
- Monat, der, -e L9, 112/1b
- Montag, der, -e L3, 38/1
- montags, dienstags usw. L10, 120/1b
  montieren L9, 116/1A
- morgen L1, 15/1b
- Morgen, der, - L1, 10/2
- morgens L5, 62/1a
  Morgenstraich, der *(nur Sing.)* (CH) L9, 116/1A
  Motorrad, das, -räder L9, 111/3
  Mozartkugel, die, -n L7, 92/1a
- müde L5, 60/1
  Münster, das, - L4, 46/1
  Museum, das, Museen L2, 28/1
- Musik, die *(nur Sing.)* L3, 38/1
  Musik hören L3, 38/1
  Musik machen L3, 42/1
  musikalisch L7, 92/1a
  Musiker, der, - L7, 83/2

Musikhochschule, die, -n L6, 78/2b
Musikinstrument, das, -e L7, 90/2
- müssen L4, 54/1
- Mutter, die, Mütter L3, 41/4b
  Muttersprache, die, -n L9, 114/1a

N

Na? L2, 30/1
na gut L2, 29/4
na ja L5, 64/1a
- nach L1, 14/1
  nach Hause (fahren) L6, 80/4
- Nachbar, der, -n L5, 62/1a
- Nachbarin, die, -nen L5, 62/1a
- Nachmittag, der, -e L10, 125/5a
- nachmittags L5, 62/1a
- Nachricht, die, -en L3, 34/1
  nachsprechen L3, 44/1
- nächst- L9, 116/1A
- Nacht, die, Nächte L7, 89/4
- Nachteil, der, -e L9, 111/5
- Nachtisch, der *(nur Sing.)* L10, 125/4
- nachts L5, 62/1b
  Nachtschicht, die, -en L10, 122/1
- nah L2, 28/1
- nah, näher, am nächsten L9, 116/1D
- nähen L8, 100/1a
- Name, der, -n L1, 11/3b
- nämlich L7, 88/3
  Nationalität, die, -en L9, 115/6
  nationalsozialistisch L8, 95/2a
- Natur, die *(hier nur Sing.)* L10, 124/1
- natürlich L3, 36/4a
- nebenbei L10, 118
  Nebenkosten, die *(nur Pl.)* L10, 128/1b
- negativ L2, 28/3
- nehmen L4, 52/2
- nehmen (Platz) L3, 35/2
- nein *(Antwort)* L1, 11/3b
- nervös L2, 30/1
- nett L1, 18/1
- neu L5, 63/6
  Neubau, der, -bauten L10, 128/1b
- nicht L1, 15/1a
  nicht mehr L5, 59/4
- nichts L5, 62/1a
- nie L3, 38/4
  Niederlande, die *(Pl.)* L9, 115/5
- niedrig L9, 109/4a
- niemand L6, 78/2b
- noch L1, 17/7
  noch einmal L1, 20/4

Wortliste
169

- Norddeutschland L2, 22/1a
- Norden, der *(nur Sing.)* L1, 14/1
- normal L9, 116/1A
  Norwegen L1, 12/3a
  notieren L8, 99/9a
- Notiz, die, -en L8, 102/1
  Notizzettel, der, - L8, 102/1
- November, der *(nur Sing.)* L9, 116/1D
- Nummer, die, -n L2, 29/4
  nummerieren L1, 11/4
- nur L2, 28/1

O
- oben L10, 126/1a
- Ober, der, - L7, 83/2
  Obergeschoss *(Abk. OG)*, das, -e L10, 128/1b
  Objekt, das, -e L4, 48
- Obst, das *(nur Sing.)* L4, 46/1
  Obstkuchen, der, - L4, 52/2
- oder L1, 12/1
- oft L3, 38/4
  oh je L8, 101/2
- ohne L5, 62/1a
- Öl, das, -e L5, 66/1
  Olive, die, -n L10, 124/1
  Oman L1, 12/3a
- Onkel, der, - L3, 42/1
  Oper, die, -n L7, 92/1a
- Orange, die, -n L10, 124/1
  Orangensaft, der *(nur Sing.)* L4, 54/2a
- ordnen L1, 19/2b
- Ordnung, die, -en L9, 114/1a
- organisieren L5, 62/1a
- Ort, der, -e L3, 39/1
  Ortstermin, der, -e L6, 70
- Osten, der *(nur Sing.)* L1, 14/1
- Österreich L1, 12/1
- Österreicher, der, - L7, 87/4

P
- Paar, das, -e L7, 90/2
- (ein) paar L6, 74/2a
  Packung, die, -en L10, 124/1
- Paket, das, -e L10, 124/1
  Panik, die *(nur Sing.)* L4, 56/3
  Papa, der, -s L4, 50/6a
- Papier, das *(hier nur Sing.)* L2, 32/1
- Partei, die, -en L8, 95/2a
  Parteitag, der, -e L8, 95/2a
- Partner, der, - L3, 39/1
- Partnerin, die, -nen L3, 39/1
- Party, die, -s L10, 121/4a

- passen L1, 20/1
  passend L6, 73/2
- passieren L6, 74/1
  Passion, die, -en L6, 77/1
- Pause, die, -n L7, 84/1b
- Pause machen L7, 84/1b
  pendeln L9, 107/3a
  Pendeln, das *(nur Sing.)* L9, 111/4
  Pendler, der, - L9, 107/3a
- perfekt L6, 78/2b
- Person, die, -en L3, 42/1
  Pfand, das *(nur Sing.)* L10, 124/1
- Pfeffer, der *(nur Sing.)* L5, 66/1
  pfeffern L5, 67/3
- Pfund, das, -e L10, 124/1
  Pharmakonzern, der, -e L9, 107/3a
- Picknick, das, -e oder -s L10, 125/5a
- planen L5, 62/2
- Platz, der, Plätze *(Stadt)* L2, 23/1a
- Platz *(Sitzplatz)*, der, Plätze L9, 116/1B
- Platz nehmen L3, 35/2
- Pole, der, -n L10, 126/1a
  Polen L1, 12/3a
- Polizist, der, -en L9, 108
  Popgruppe, die, -n L6, 77/1
- Portion, die, -en L4, 53/6
- Portugal L10, 126/1a
- positiv L2, 28/3
- Post, die *(nur Sing.)* L2, 29/4
  Postfach, das, -fächer L9, 116/1E
- Postkarte, die, -n L5, 60/1
- Postleitzahl, die, -en L3, 39/1
- praktisch L9, 111/5a
  Praline, die, -n L10, 124/1
  präsentieren L8, 104
- Presse, die *(nur Sing.)* L9, 116/1D
- prima L3, 40/3
- privat L10, 128/1b
- pro L10, 119/2
- probieren L8, 95/2a
- Problem, das, -e L2, 30/1
- Produkt, das, -e L1, 13/6
- Produktion, die, -en L3, 39/1
  Produzent, der, -en L3, 40/1a
- produzieren L8, 100/1b
- Programm, das, -e L6, 70
  Programmierer, der, - L9, 108
- Projekt, das, -e L8, 94
- Prospekt, der, -e L5, 60/1
- Prost! L10, 121/3
- Prozent (%), das *(hier nur Sing.)* L10, 124/1
- Prüfung, die, -en L10, 119/2

Wortliste

- Pullover, der, -   L8, 100/1a
- Punkt, der, -e   L1, 14/3b
  Putenschnitzel, das, -   L10, 124/1
- putzen   L7, 84/1a

Q
- Quadratmeter (m2), der, -   L10, 128/1b
- Qualität, die, -en   L8, 102/2a

R
  Radiergummi, der, -s   L2, 32/1
- Radio, das, -s   L3, 41/4b
  Radio hören   L3, 41/4b
  Rathaus, das, -häuser   L2, 23/1a
  Rätoromanisch (Sprache)   L9, 107/3a
- rauchen   L8, 102/3
- Raum, der, Räume   L7, 82/1
- rechts   L2, 22/1a
- Region, die, -en   L2, 22/1a
- Reise, die, -n   L1, 18/1
- reisen   L1, 15/1b
  Rentner, der, -   L5, 58/1
  Rentnerin, die, -nen   L5, 58/1
  Reportage, die, -n   L5, 60/1
- Restaurant, das, -s   L2, 23/1a
  Revolution, die, -en   L6, 77/1
  Rhein, der (Fluss)   L2, 31/3a
- richtig   L1, 15/1a
  Rose, die, -n   L6, 71
  Ruhrgebiet, das   L2, 22/1a
  Russland   L1, 11/3b

S
- Saft, der, Säfte   L4, 52/1
- sagen   L2, 27/2
- Salat, der, -e   L4, 54/2a
- Salz, das (nur Sing.)   L5, 66/1
  salzen   L5, 67/3
- Samstag, der, -e   L3, 44/3
  Samstagnachmittag, der, -e   L4, 48/1a
  Sandwich, das, -es   L4, 48/1a
- Sänger, der, -   L6, 77/1
- Satz, der, Sätze   L1, 17/9
- sauer   L6, 71
  S-Bahn, die, -en   L5, 60/1
  schälen   L5, 67/2a
  Schatz (Kosewort)   L4, 52/2
- schauen   L5, 60/1
- Schiff, das, -e   L2, 22/1a
- schlafen   L1, 15/1a
- schlecht   L2, 27/3
- Schluss, der (nur Sing.)   L5, 67/2a

- schmecken   L5, 60/1
- schneiden   L5, 67/2a
- schnell   L2, 27/2
  Schnellzug, der, -züge   L2, 27/5
- Schokolade, die (nur Sing.)   L1, 13/6
  Schokoladeneis, das (nur Sing.)   L2, 27/5
  Schokoladenkuchen, der, -   L4, 52/2
  Schokoladentorte, die, -n   L2, 26/1
- schon   L1, 15/1c
  schon einmal   L5, 64/1a
- schön   L3, 35/2
- schreiben   L1, 10/1
  Schreibwarenladen, der, -läden   L4, 54/2b
  Schulabschluss, der, -abschlüsse   L6, 78/2b
- Schule, die, -n   L2, 29/4
- Schüler, der, -   L3, 39/1
- Schülerin, die, -nen   L3, 39/1
- Schweiz, die   L1, 12/1
- Schwester, die, -n   L3, 42/1
- schwimmen   L5, 64/1a
- sehen   L3, 38/1
- sehr   L1, 15/1b
- sein   L1, 21/3
- sein, seine   L3, 41/5a
- seit   L6, 71/2
- Seite, die, -n   L2, 32/2
- selten   L3, 38/4
- Sendung, die, -en   L3, 34/1
  Show, die, -s   L3, 34/1
- sicher   L3, 43/4
- Sie   L1, 10/1
- sie (Sing.)   L1, 15/1b
- sie (Pl.)   L1, 15/1c
- sind → sein   L1, 11/3b
- singen   L3, 38/2
- Situation, die, -en   L1, 15/1
- sitzen   L6, 72/1a
- so   L2, 30/1
- so weit sein   L6, 72/1a
- sofort   L4, 52/2
- Sohn, der, Söhne   L3, 36/4a
- Sonntag, der, -e   L3, 44/3
  sortieren   L2, 26/1
- Souvenir, das, -s   L4, 48/1a
  Souvenirladen, der, -läden   L4, 48/1a
  Spanien   L1, 12/3a
- spazieren gehen   L5, 62/1a
  Spaziergang, der, -gänge   L5, 60
  Speisekarte, die, -n   L4, 53/6
  Spezialität, die, -en   L5, 60/1
- spielen   L1, 15/1a
- Sport, der (nur Sing.)   L3, 38/1

Wortliste

- Sport machen   L3, 38/2
- Sprache, die, -n   L1, 10/1
- sprechen   L1, 10/1
- Stadt, die, Städte   L2, 22/1a
- Stadtplan, der, -pläne   L4, 48/1a
  Stadtrand, der *(nur Sing.)*   L2, 28/1
- stattfinden   L3, 40/1a
- steigen   L5, 60/1
- Straße, die, -n   L2, 24/3
- Stück Kuchen, das, -   L4, 52/2
- Student, der, -en   L3, 39/1
- Studentin, die, -nen   L3, 39/1
- studieren   L6, 78/2a
  Studio, das, -s   L3, 40
- Studium, das, Studien   L6, 78/2b
- suchen   L1, 12/2
- Süddeutschland   L1, 15/1c
- Süden, der *(nur Sing.)*   L1, 14/1
- Supermarkt, der, -märkte   L2, 28/1
- Suppe, die, -n   L5, 67/2a
- Symbol, das, -e   L6, 77/1

T
- Tag, der, -e   L1, 10
- Tageszeit, die, -en   L5, 62/1b
- Tante, die, -n   L3, 42/1
- Tasse, die, -n   L4, 52/1
- Taxi, das, -s   L2, 30/1
  Taxifahrer, der, -   L3, 41/4b
  Taxifahrerin, die, -nen   L5, 59/3
- Tee, der *(nur Sing.)*   L1, 13/6
- Telefon, das, -e   L3, 39/1
  Telefongespräch, das, -e   L6, 71/3
- telefonieren   L6, 71/3
  Telefonnummer, die, -n   L1, 18/1b
- Teller, der, -   L5, 66/1
- Tennis, das *(nur Sing.)*   L3, 38/1
- Tennis spielen   L3, 38/1
- teuer   L5, 60/1
- Text, der, -e   L1, 12/2
  Texter, der, -   L6, 78/2b
- Theater, das, -   L2, 28/1
- Tipp, der, -s   L5, 67/2a
  tja   L3, 38/1
- Tochter, die, Töchter   L3, 36/4a
- toll   L3, 42/1
- Tomate, die, -n   L1, 13/6
- Topf, der, Töpfe   L5, 66/1
  Torte, die, -n   L2, 27/5
- Tourist, der, -en   L2, 31/3b
  Touristen-Information, die, -en   L2, 30/2
- Traummann, der, -männer   L6, 79/3

- treffen   L5, 62/1a
  Treffpunkt, der, -e   L6, 70
- trinken   L2, 26/1
  Trockenobst, das *(nur Sing.)*   L5, 66/1
  Tschüs!   L1, 10/2
  Tunesien   L1, 12/3a
  Turm, der, Türme   L2, 31/4

U
  übrig bleiben   L6, 71/2
- Uhr, die, -en   L3, 38/1
  Uhrzeit, die, -en   L6, 80/2
- um … Uhr   L3, 38/1
- um wie viel Uhr   L3, 44/3
- und   L1, 11/4
  Ungarn   L1, 12/3a
- ungefähr   L2, 30/2
- Universität, die, -en   L2, 29/4
- unser, unsere   L3, 42/1
  unsportlich   L3, 38/1
- Unterricht, der *(nur Sing.)*   L5, 62/1a
- unterrichten   L5, 62/1a
- Urlaub, der, -e   L1, 15/1a
- Urlaub machen   L1, 15/1a

V
- Vater, der, Väter   L3, 41/5b
  Veränderung, die, -en   L6, 72/1a
  Verb, das, -en   L1, 20/1
  verbessern   L5, 163/5
- verbinden   L4, 47/2a
- Vergangenheit, die *(nur Sing.)*   L6, 79/3
- vergessen   L5, 67/2a
- verheiratet   L3, 36/4a
- verkaufen   L4, 47/2a
- Verkäufer, der, -   L5, 59/3
- Verkäuferin, die, -nen   L5, 58/1
- verstehen   L1, 11/4
- Verwandte, der, -n   L6, 74/2a
- viel   L1, 15/1b
- viele   L1, 10/1
- Vielen Dank!   L2, 30/1
- vielleicht   L1, 14/1
- Viertel vor/nach (drei)   L6, 80/1
  Vietnam   L1, 12/3a
  Visitenkarte, die, -n   L1, 19/2
  Vokal, der, -e   L1, 16/6a
- Volkshochschule, die, -n   L5, 62/1a
- voll   L2, 22/1a
- von   L2, 22/1a
- von … bis   L5, 63/6
  von … nach   L2, 22/1

Wortliste
172

- vorbei (sein) L6, 72/1a
- vorbereiten L5, 62/1a
  vorlesen L3, 44/1
  Vorname, der, -n L3, 35/2
- vorstellen L6, 79/4c

W

  Wandel, der *(nur Sing.)* L6, 77/1
- wann L3, 40/1a
- warten L2, 26/1
- warum L2, 26/1
- was L1, 16/5
- waschen L5, 67/2a
- Wasser, das *(nur Sing.)* L5, 67/2a
- wecken L5, 62/1a
- Wein, der, -e L1, 13/6
- weiß → wissen L2, 29/4
- weiterfragen L3, 36/4a
- weitermachen L1, 12/4
- Welt, die, -en L1, 12
  Weltkarte, die, -en L1, 12/1
- wen L4, 48/1a
- wer L1, 16/3
- werden L6, 74/1a
- Westen, der *(nur Sing.)* L1, 14/1
- Wetter, das *(nur Sing.)* L4, 52/2
- wichtig L4, 50/6b
- wie *(Frage)* L1, 11/3
- wie *(Vergleich)* L6, 72/1a
- Wie bitte? L1, 17/7
  wie früher L6, 72/1a
- Wie geht's? → gehen L2, 30/1
  wie immer L6, 72/1a
- wie viel L3, 44/3
- Wie viel Uhr ist es? L6, 80/3
- wie viele L2, 30/2
- wiederholen L2, 32/3
- Wiedersehen! *(Kurzform von* Auf Wiedersehen!*)* L3, 38/1
- wir L1, 17/7
- wissen L2, 29/4
- wo L1, 10/1
- Woche, die, -n L6, 75/5b
- Wochenende, das, -n L4, 51/1
  wofür L5, 68/1
- woher L1, 11/3b
- wohin L1, 14/1
- wohl L5, 64/1a
- wohnen L1, 11/3b
  Wohnhaus, das, -häuser L2, 28/1
- Wohnung, die, -en L4, 51/1
  Wort, das, Wörter L2, 25/7

- Wörterbuch, das, -bücher L4, 51/3
  Wörterheft, das, -e L4, 56/3
- Wurst, die, Würste L4, 52/1

Z

- z. B. (= zum Beispiel) L2, 22/1a
- Zahl, die, -en L1, 18/1
- Zeit, die *(hier nur Sing.)* L4, 51/3
- Zeit haben L4, 51/3
- Zeitung, die, -en L4, 48/1a
- Zentrum, das, Zentren L2, 23/1a
- ziemlich L3, 38/1
- Zitrone, die, -n L1, 13/6
  Zitroneneis, das *(nur Sing.)* L2, 27/5
- zu Abend essen L5, 62/1a
- zu Fuß gehen L2, 28/1
- zu Hause (sein) L5, 62/1a
- zu Mittag essen L5, 62/1a
  zu zweit L5, 64/1a
  Zubereitung, die, -en L5, 67/3
- Zucker, der *(nur Sing.)* L1, 13/6
- zuerst L5, 60/1
- zufrieden L4, 48/1a
- Zug, der, Züge L1, 14/1
- zum Beispiel (z.B.) L2, 22/1a
  zum Schluss L5, 67/2a
  zuordnen L4, 52/1
- zurück L4, 53/5b
- zurückkommen L5, 62/1a
- zurückliegen L6, 70/1
- zusammen L3, 42/1
- zusammenpassen L2, 25/4
  Zutat, die, -en L5, 67/3
  zweimal L6, 77/1
  Zypern L1, 12/3a

Wortliste
173

Verzeichnis der Hörtexte

Lektion	Seite	Übung	Track
1	10	1	1-7
1	11	3	8
1	11	4	9
1	12	3	10-11
1	13	7	12
1	14	3	13-14
1	16	6	15-16
1	17	7	17
1	18	1	20
1	18	A	18
1	19	B	19
2	25	7	21
2	25	8	22
2	27	2	23
2	27	3	24
2	27	5	25
2	28	2	26
2	30	1	27
2	30	2	31
2	30	A	28
2	31	B	29
2	31	C	30
3	34	1	32-34
3	35	2	35
3	36	4	36
3	37	6	37-38
3	38	1	39
3	41	4	40
3	41	5	41
3	43	4	42
3	44	1	43
4	50	6	44
4	51	1	45
4	52	2	46
4	53	5	47-48
5	59	2	49-52
5	63	6	53
5	63	7	54-55
5	64	1	56
6	71	3	1
6	74	1	2
6	76	9	3-4
6	78	1	5
6	78	2	6

Hörtexte

Lektion	Seite	Übung	Track
6	80	1	7-10
6	80	4	11-14
7	83	3	15
7	86	1	16
7	87	7	17
7	88	1	18
7	89	4	19
7	90	1	20-23
7	92	2	24
8	95	2	25-28
8	97	5	29-34
8	98	6	35-40
8	99	8	41
8	99	9	42-45
8	101	2	46
8	102	2	47
9	107	2	48-50
9	112	1	51
9	114	4	52
10	121	3	53
10	122	1	54
10	125	3	55
10	125	4	56
10	127	4	57
10	128	1	58

Passwort Deutsch, Kursbuch 1 675915

Lieder:	"Lied der Familie Troll", Peter Ewers
Musik:	Koka Media
Sprecherinnen und Sprecher:	Antje Albruschat-Keil, Günther Arnulf, Tariq Aziz, Heinke Behal-Thomsen, Joachim Bräutigam, Cornelius Dane, Lothar Drude, Rudolf Guckelsberger, Daniel Kashi, Tobias Keil, Claudia Kutter, Jakob Meister, Tamara Mertens, Markus Michalski, Stephan Moos, Maria Nohe, Reinhard Peer, Daniela Rössl, Claudia und Fabio Schojan, Jennifer und Benedikt Sittler, Inge Spaughton, Luise Wunderlich
Aufnahme und Tonregie:	Ton in Ton Medienhaus, Stuttgart
Mastering:	Bauer Studios, Ludwigsburg
Presswerk:	P + O Compact Disc GmbH, Diepholz

© Ernst Klett Sprachen GmbH, Stuttgart 2008
Alle Rechte vorbehalten.

Das Werk und seine Teile sind urheberrechtlich geschützt. Jede Nutzung in anderen als den gesetzlich zugelassenen Fällen bedarf der vorherigen schriftlichen Einwilligung des Verlages. Hinweis zu § 52 a UrhG: Weder das Werk noch seine Teile dürfen ohne eine solche Einwilligung eingescannt und in ein Netzwerk eingestellt werden. Dies gilt auch für Intranets von Schulen und sonstigen Bildungseinrichtungen.

Hörtexte

Quellennachweis

S. 12: Weltkarte: Klett-Perthes, Gotha • S. 22: Fotos: Nordsee-Tourismus-Service GmbH, Husum; Hansestadt Rostock (Irma Schmidt); Fotoarchiv (Edgar Zippel), Essen; KED • S. 23: Fotos: KED (Foto 1 und 2); Peter Butz, München • S. 24: Fotos: KED • S. 25: Deutschlandkarte (Vignette): Klett-Perthes, Gotha S. 26: Fotos: Helga Lade, Frankfurt; Huber, Garmisch-Partenkirchen; Mauritius (Benelux Press), Stuttgart • S. 28: Fotos: Helga Lade, Frankfurt; Fotoarchiv (Manfred Vollmer), Essen • S. 29: Fotos: KED • S. 30: Foto: KED; Logo: Köln Tourismus Office • S. 47: Foto: Karl-Heinz Raach, Merzhausen • S. 48: Foto: Karl-Heinz Raach, Merzhausen • S. 49: Vignette: Karl-Heinz Raach, Merzhausen • S. 53: Foto: Karl-Heinz Raach, Merzhausen • S. 54: Foto: Karl-Heinz Raach, Merzhausen • S. 58: Foto: Tourismus-Zentrale, Hamburg • S. 60: Fotos: KED; Anna Heyken, Wingst; Tourismus-Zentrale, Hamburg • S. 61: Vignette: Tourismus-Zentrale, Hamburg • S. 70: Fotos: Deutsche Luftbild, Hamburg; Marion Butz, Stuttgart; Logo: Gosenschenke „Ohne Bedenken", Leipzig • S. 71: Fotos: Leipzig Tourist Service e. V. (Schmidt) (Fotos A und D); Kaffeehaus Riquet, Leipzig; Gosenschenke „Ohne Bedenken", Leipzig; Text: Gosenschenke „Ohne Bedenken", Leipzig • S. 73: Vignette: Deutsche Luftbild, Hamburg • S. 74: Foto: Sabine Scharr, Geradstetten • S. 77: Fotos: Leipzig Tourist Service e. V. (Fischer); dpa (Wolfgang Kluge), Stuttgart; Leipzig Tourist Service e. V. (Giese); Leipziger Messe GmbH • S. 78: Foto: Andreas Kunz, Stuttgart • S. 82/83: Hintergrundbild und Vignette: Bildagentur Huber (Giovanni) • S. 82: Auszüge aus dem Prospekt: Hotel Amadeus, A-Salzburg • S. 84, 85, 86: Fotos: Horst Weber, Dublin/KED • S. 89: Karte: Tourismus Salzburg GmbH, A-Salzburg • S. 92: Familie Mozart: AGK Berlin; Foto: Horst Weber/KED • S. 94/95: Hintergrundbild und Vignette: Bildagentur Huber (S. Damm), Garmisch-Partenkirchen • S. 94: Foto 1: Mauritius Die Bildagentur (Vidler), Stuttgart; Foto 2: Mauritius Die Bildagentur (Waldkirch), Stuttgart • S. 95: Foto 3: Stockfood Photo Stock Agency (K. Newedel), München; Foto 4: Stadtarchiv Nürnberg; Foto 5: AKG, Berlin; Foto 6: Renate Köhl-Kuhn, Michelbach • S. 96: Bildagentur Huber (R. Schmid), Garmisch-Partenkirchen • S. 100: Foto: Renate Köhl-Kuhn, Michelbach; Zeichnungen: Regina Krawatzki, Stuttgart • S. 102: Mauritius Die Bildagentur (Hackenberg), Stuttgart • S. 106/107: Hintergrundbild und Vignette: Klammet, CH-Ohlstadt • S. 106: Landkarte: Klett-Perthes, Gotha; Foto: Horst Weber, Dublin/KED • S. 107: Sprachgebietskarte: KED; Foto: Horst Weber, Dublin/KED • S. 108: KED • S. 109, 110, 112, 116: Fotos: Horst Weber, Dublin/KED • S. 118: Foto 1: KED; Foto 2: Yüksel Polat, Murrhardt • S. 119: Foto 4: Thomas Lennertz, Martinsried; Foto 5: KED • S. 120: Foto 1: Westfälisches Industriemuseum (M. Holtappels), Dortmund; Foto 2: Zeche Helene, Zentrum für Sport und Freizeit, Essen • S. 121: Zeche Helene, Zentrum für Sport und Freizeit, Essen • S. 122, 125, 126: Fotos: KED • S. 126: Foto R. Pokanski: Markus Biechele, Bad Krozingen

Alle übrigen Fotos: Jürgen Leupold, Stuttgart
Alle übrigen Zeichnungen: Dorothee Wolters, Köln

Trotz intensiver Bemühungen konnten nicht alle Rechte-Inhaber ermittelt werden. Für entsprechende Hinweise ist der Verlag dankbar.